跨境电商供应链管理研究

于晓胜 ◎ 著

吉林出版集团股份有限公司

版权所有　侵权必究

图书在版编目（CIP）数据

跨境电商供应链管理研究 / 于晓胜著 . — 长春：吉林出版集团股份有限公司，2023.7
  ISBN 978-7-5731-3789-0

Ⅰ．①跨… Ⅱ．①于… Ⅲ．①电子商务－供应链管理－研究 Ⅳ．①F713.36②F252.1

中国国家版本馆CIP数据核字（2023）第116888号

跨境电商供应链管理研究
KUAJING DIANSHANG GONGYINGLIAN GUANLI YANJIU

著　　者	于晓胜
出版策划	崔文辉
责任编辑	金佳音
封面设计	文　一
出　　版	吉林出版集团股份有限公司
	（长春市福祉大路5788号，邮政编码：130118）
发　　行	吉林出版集团译文图书经营有限公司
	（http://shop34896900.taobao.com）
电　　话	总编办：0431-81629909　营销部：0431-81629880/81629900
印　　刷	廊坊市广阳区九洲印刷厂
开　　本	710mm×1000mm　1/16
字　　数	304千字
印　　张	14
版　　次	2023年7月第1版
印　　次	2024年1月第1次印刷
书　　号	ISBN 978-7-5731-3789-0
定　　价	78.00元

如发现印装质量问题，影响阅读，请与印刷厂联系调换。电话15901289808

前　言

在我国跨境电商的发展历程中，理论界和实务界一直在争论，到底是流量为王，还是产品为王。不管答案如何，产品对于跨境电商的重要性毋庸置疑。而要打造有竞争力的产品，供应链的支撑能力至关重要。跨境电商供应链管理要通过有效整合制造商、供应商、国际物流公司、仓储中心、分销商的资源和能力，打通链条中的信息流、产品流和资金流，既要减少采购、库存、运输等环节的成本，又要有效满足顾客的需求，从而提高整条供应链的竞争能力，追求整体供应链剩余价值最大化。跨境电商供应链管理战略与公司产品开发战略和市场营销战略并列为企业的三大职能战略，共同支撑公司的竞争战略。

再宏大的目标也需要落到实处。跨境电商供应链管理要服务于其竞争战略，核心目标是供应链剩余价值最大化，但需要转化为供应链管理各环节的具体目标并予以绩效考核。跨境电商供应链绩效包括五个基本驱动因素和三个辅助驱动因素，其中五个基本驱动因素为采购、生产、库存、仓储运输、收入定价，三个辅助驱动因素为需求管理、协调管理和风险管理。这些驱动因素相互作用，决定着供应链的响应能力和效率。

本书致力于研究和论述跨境电商如何在各个环节进行有效的供应链管理，包括跨境电商供应链的战略管理、绩效管理、库存管理、采购决策等多个方面。

由于作者水平有限，时间仓促，书中不足之处在所难免，恳请各位专家、读者批评指正。

目 录

第一章 跨境电商供应链与物流概述 … 1
第一节 物流与物流管理 … 1
第二节 供应链与供应链管理 … 15
第三节 物流管理与供应链管理的关系 … 30

第二章 跨境电商采购与供应链管理 … 34
第一节 跨境电商采购管理概述 … 34
第二节 跨境电商商品检验检疫 … 42
第三节 跨境电商供应链管理 … 47

第三章 仓储与配送管理 … 61
第一节 跨境电商仓储管理与配送概述 … 61
第二节 跨境电商仓储作业流程 … 76
第三节 跨境电商配送业务流程 … 84
第四节 跨境电商物流追踪技术 … 91

第四章 跨境电商供应链战略管理 … 101
第一节 跨境电商供应链的重要性 … 101
第二节 跨境电商的供应链战略 … 104
第三节 跨境电商供应链战略与竞争战略关系 … 109

第五章 跨境电商供应链绩效管理 … 118
第一节 供应链管理进程模型 … 118

第二节 跨境电商供应链绩效评价模型 …………………………… 121
第三节 跨境电商供应链绩效的财务指标 …………………………… 122
第四节 跨境电商供应链绩效的驱动因素 …………………………… 125

第六章 跨境电商供应链信息管理 ……………………………………… 137
第一节 信息技术的相关概念 ………………………………………… 137
第二节 供应链管理中的信息技术 …………………………………… 142
第三节 供应链管理和电子商务 ……………………………………… 147
第四节 信息共享的实现方法 ………………………………………… 159

第七章 全球化供应链管理 ………………………………………………… 164
第一节 全球化供应链管理的相关概念 ……………………………… 164
第二节 全球化供应链管理中的问题 ………………………………… 171
第三节 跨国物流和运输 ……………………………………………… 176
第四节 全球可持续供应链 …………………………………………… 183

第八章 供应链风险和危机管理 …………………………………………… 195
第一节 供应链风险管理 ……………………………………………… 195
第二节 供应链危机管理 ……………………………………………… 206
第三节 供应链应急计划 ……………………………………………… 211

参考文献 …………………………………………………………………… 215

第一章 跨境电商供应链与物流概述

第一节 物流与物流管理

一、物流的价值

社会分工及分工细化促进了物流的产生，促进了流通专业化。商品的社会间隔、场所间隔和时间间隔使商品生产和商品消费分离，而商品流通过程则弥合了商品生产和商品消费之间的间隔。

其中，社会间隔是指商品的生产者和消费者不同，这需要通过商品的交易完成沟通；场所间隔是指商品的生产场所和消费场所不同，需要商品的运输进行连接；时间间隔是指商品的生产日期与商品的消费日期不同，可以通过商品的保管衔接。

商品流通形成了商流和物流。商流沟通商品的生产与消费之间的社会间隔。物流沟通商品的生产和消费的场所间隔和时间间隔。商流和物流相辅相成、互相补充，物流是产生商流的物质基础，商流是物流的先导。

"物"是指一切可以进行物理性位置移动的物质资料，"流"是指物理性位移和时间转换，"物流"是物质资料从供给者到需求者的物理性运动和时间转换。

具体地说，物流作为一种社会经济活动，对社会生产和生活的价值主要表现为创造时间价值、空间价值、附加价值及负价值。

（一）时间价值

"物"从供给者到需要者之间有一段时间差，由改变这一时间差所创造的价值即为物流的时间价值。通过物流获得时间价值主要存在以下两种形式。

1. 缩短时间创造价值

缩短物流时间，可获得多方面的好处，如减少物流损失、降低物流消耗、增加物的周转、节约资金等。由于物流周期的结束是资本周转的前提条件，则这个时间越短，资本周转越快，表现出资本的较高增值速度。从全社会物流的总体来看，加快物流速度，缩短物流时间，是物流必须遵循的一条经济规律。

2. 改变时间差创造价值

经济社会中，供给和需求普遍地存在着时间差，例如，粮食的生产是有季节性的，不是随时进行的，但是消费者对粮食的需求却是不间断的。因而，粮食的供给和消费者对粮食的需求之间就出现了时间差。类似情况不胜枚举。供给与需求之间存在时间差，可以说是一种普遍的客观存在。如果没有有效的方法，集中生产出的粮食除了当时的少量消耗外，就会损坏掉、腐烂掉，而在非产出时间，人们就会找不到粮食吃。物流便是以科学的、系统的方法改变这种时间差，以实现其"时间价值"。比如，在粮食集中产出的季节，将剩余的粮食通过物流的储存、储备活动，有意识延长物流的时间，以满足在非产出季节人们对粮食的需求。

（二）空间价值

"物"从供给到需求之间有空间差异。供给者和需求者之间往往处于不同的空间，由改变这一空间的差别创造的价值就称作"空间价值"。

现代社会中供应与需求之间存在的空间差异十分常见。现代人每日消费的物品几乎都是在相距一定距离甚至十分遥远的地方生产的。例如，城市居民日常消费所需的粮食、蔬菜、水果都是在农村生产的，全国各地消费的香蕉、橘子的产地在南方，大豆、高粱的产地在北方。除了这些地理自然因素和社会因素造成的空间差外，现代化大生产的发展也是产生供给和需求之间空间差的一个因素。现代化大生产的特点之一，就是通过集中的、大规模的生产来提高生产效率、降低生产成本。比如，汽车的生产，整车集中在一个大厂中装配，但销售和客户却是分布在不同的区域，甚至全球。

商品在不同地理位置有不同的价值，通过物流将商品由低价值区转到高价值区，便可获得价值差，即"空间价值"。在香蕉的产地——海南，香蕉只卖几毛钱一斤，但在北方一斤则要几块钱。海边几块钱一斤的扇贝到了内陆就可以卖几十块钱一斤。物流弥合了供给与需求的空间差，也从中获得了价值。在经济全球化的浪潮中，国际分工和全球供应链的构筑，一个基本选择是在成本最低的地区进行生产，通过有效的物流系统和全球供应链，在价值最高的地区销售，信息技术和现代物流技术为此创造了条件，使物流得以创造价值。

（三）附加价值

"物"通过加工而增加附加价值，取得新的使用价值，这是生产过程的职能。例如，散装的粮食、蔬菜、水果、茶叶经过包装加工，在加工过程中，由于物化劳动和活劳动的不断注入，增加了"物"的成本，同时更增加了它的价值。

在流通过程中，可以通过流通加工的特殊生产形式，使处于流通过程中的"物"通过特定方式的加工而增加附加值，这就是物流创造附加价值的活动。

物流创造附加价值是有局限性的。它不能取代正常的生产活动，而只能是生产过程在流通领域的一种完善和补充。但是，物流过程的增值功能往往通过流通加工得到很大的体现。所以，根据物流对象的特性，按照用户的要求进行这一加工活动，可以对整个物流系统完善起到重大作用。尤其在网络经济时代，物流作为对用户的服务方式，依托信息传递的及时和准确，得以有效组织这种加工活动，因此它的增值作用也是不可忽视的。

（四）负价值

无论是国民经济领域还是企业经济领域，物流都是构成成本的主要领域。有时在成本构成中占到首位。此外，物流还会增加环境负担，物流对环境有比较大的负面影响，这个负面影响随着物流量的增大而增大，随着物流的合理化而降低。物流管理的责任，就是在保证物流满足国民经济和企业经济发展的前提下，尽量减轻环境负担。

二、物流的分类

社会经济领域中的物流活动无处不在，对于各个领域的物流，虽然其基本要素都存在且相同，但由于物流的地位范围、作用、性质等方面不同，形成了不同类型的物流。

（一）按物流在社会再生产中的地位分类

按物流在社会再生产中地位和作用的不同可将物流分为宏观物流、中观物流和微观物流。

1. 宏观物流

宏观物流是指社会再生产总体的物流活动，从社会再生产总体角度认识和研究的物流活动。宏观物流还可以从空间范畴来理解，在很大空间范畴的物流活动，往往带有宏观性，在很小空间范畴的物流活动则往往带有微观性。宏观物流研究的主要特点是综观性和全局性。

宏观物流主要研究内容包括物流总体构成，物流与社会之关系在社会中的地位，物流与经济发展的关系，社会物流系统和国际物流系统的建立和运作等。

2. 中观物流

中观物流是社会再生产过程中的区域性物流，它是从区域性的经济社会来认识和研究物流的。从空间位置来看，一般是较大的空间。例如，一个国家的经济区的物流，称为特定经济区物流；一个国家的城市经济社会的物流，称为城市物流。

3. 微观物流

微观物流是指消费者、生产者所从事的具体的物流活动，其主要特点是具体性和局部性。在整个物流活动之中的局部的、单个环节的具体物流活动也属于微观物流。在一个小地域空间发生的具体的物流活动也属于微观物流。

（二）按物流的地域范围分类

按物流的地域范围分类可分为国际物流、国内物流和区域物流。

1. 国际物流

国际物流指世界各国（地区）之间，由于进行国际贸易而发生的商品实体从一个国家（地区）流转到另一个国家（地区）的物流活动。经济全球化过程中，国家和企业都要在国际交流与合作中发展经济。随着国际贸易的发展，物流国际化越来越突出，"物流无国界"已被人们所公认，国际物流将不断得到发展，这就要求有相应的国际物流设施和管理经验国际物流比国内物流更为复杂，需要良好的国际协作，同时也需要国内各方面的重视和参与。

2. 国内物流

物流作为国民经济的一个重要方面，也应该纳入国家的总体规划，从国家的角度制定物流中长期发展规划、实施计划、政策法令。全国物流系统的发展必须从全局着眼，对于因为部门分割、地区分割造成的物流障碍应该清除。在物流系统的建设投资方面也要从全局考虑，使一些大型物流项目能够尽早建成，为经济建设服务。

3. 区域物流

区域物流主要指按行政区域、地理位置、经济圈划分，根据地区特点规划和发展的物流系统。

所谓地区，有不同的划分原则。按行政区域划分，我国可以划分为八大区：东北、华北、西北、西南、华南、华东、华中等；按省区来划分，可划分为32个省、自治区和直辖市等；按经济圈划分，如苏锡常经济区等；还有按地理位置划分的地区，如长江三角洲地区、河套地区、环渤海地区、珠江三角洲地区等。地区物流系统对于提高该地区企业物流活动的效率，以及保障当地居民的生活福利环境，具有不可缺少的作用。研究地区物流应根据地区的特点，从本地区的利益出发组织好物流活动。例如，某城市建设一个大型物流中心，显然这对于当地物流效率的提高、降低物流成本、稳定物价是很有作用的，但是也会引起由于供应点集中、货车来往频繁而产生废气、噪声、增加交通事故等消极问题。因此物流中心的建设不单是物流问题，还要从城市建设规划、地区开发计划出发统一考虑，妥善安排。

（三）按照物流作用进行分类

物流按照作用可以分为供应物流、销售物流、生产物流、回收物流和废弃物流等。

1. 供应物流

生产企业、流通企业或用户购入原材料、零部件或商品的物流过程称为供应物流，也就是从物资生产者、持有者到使用者之间的物流对于制造企业而言，是指对于生产活动所需要的原材料、燃料、半成品等物资的采购、供应等活动所产生的物流；对于流通企业而言，是指交易活动中，从买方角度出发的交易行为中所发生的物流。企业购入原材料或商品的物流过程，购入品占用大部分流动资金，供应物流对成本影响重大。

2. 生产物流

从工厂的原材料购进入库起，直到工厂成品库的成品发送为止，这一全过程的物流活动称为生产物流。生产物流是制造企业所特有的，它和生产流程同步。原材料、半成品等按照工艺流程在各个加工点不停顿地移动、流转就形成了生产物流。如果生产物流发生中断，生产过程也将随之停顿，物流均衡，生产才可能稳定。生产物流对在制品库存、生产周期、生产成本影响重大。

3. 销售物流

生产企业、流通企业售出产品或商品的物流过程称为销售物流，是物资的生产者或持有者到用户或消费者之间的物流。对于制造企业来说，销售物流是指售出商品的物流过程；而对于流通企业来说，销售物流是指交易活动中，从卖方角度出发的交易行为中所发生的物流。销售物流合理化对企业市场竞争力有很大影响。

4. 回收物流

不合格物品的返修、退货及伴随货物运输或搬运中的包装容器、装卸工具及其他可再用的旧杂物等，经过回收、分类、再加工、使用的流动过程形成回收物流。有用废弃物回收，是对资源的综合利用，具有经济和社会价值。

5. 废弃物物流

废弃物物流是将经济活动中失去原有使用价值的物品，比如伴随某些厂矿的产品，同时或共生的副产物（如钢渣、煤矸石等）、废弃物，以及生活消费品中的废弃物（如垃圾）等，根据实际需要进行收集、分类、加工、包装、搬运、储存等，并分送到专门处理场所时所形成的物品实体流动。对无用废弃物进行适当的处理，符合环境保护和社会持续发展的要求。

（四）按物流系统的性质分类

物流按物流系统的性质可分以为社会物流、行业物流和企业物流。

1. 社会物流

社会物流是指超越一家一户的以一个社会为范畴的面向社会为目的的物流，是企业外部的物流活动的总称。这种社会性很强的物流往往是由专门的物流承担人承担的，社会物流的范畴是社会经济大领域。社会物流研究再生产过程中随之发生的物流活动，研究国民经济中的物流活动，研究如何形成服务于社会，面向社会又在社会环境中运行的物流，研究社会中物流体系结构和运行，因此带有宏观和广泛性。

2. 行业物流

顾名思义，同一行业中所有企业的物流活动称为行业物流。行业物流往往是为了促使行业中的企业相互协作，共同促进行业发展。在一般情况下，同一行业的各个企业往往在经营上是竞争对手，但为了共同的利益，在物流领域却又常常互相协作，共同促进物流系统的合理化。

在国内外有许多行业均有自己的行业协会或学会，并对本行业的行业物流进行研究。在行业的物流活动中，有共同的运输系统和零部件仓库以实行统一的集体配送，有共同的新旧设备及零部件的流通中心，有共同的技术服务中心对本行业的维护人员进行培训，有统一的设备机械规格，采用统一的商品规格、统一的法规政策和统一的报表等。行业物流系统化的结果使行业内的各个企业都得到相应的利益。

3. 企业物流

企业物流是指在企业范围内进行相关的物流活动的总称。从企业角度研究与企业有关的物流活动，是具体的、微观的物流活动的典型领域。企业物流又可区分为以下不同典型的具体物流活动：企业供应物流、企业生产物流、企业销售物流、企业回收物流和企业废弃物物流等。

（五）按物流的经营模式分类

物流按经营模式可以分为自营物流、第三方物流和第四方物流等。

1. 自营物流

企业自营物流是指生产制造企业自行组织的物流。一般来说，工业企业自营物流包含三个层次。

（1）物流功能自备

就如同我们在传统企业中看到的那样，企业自备仓库、车队等，企业拥有一个自我服务的体系。其中又包含两种情况：一是企业内部各职能部门彼此独立地完成各自的物流使命；二是企业内部设有物流运作的综合管理部门，即通过资源和功能的整合，专设企业物流部或物流公司来统一管理企业的物流运作。

（2）物流功能外包

一是将有关的物流服务委托给物流企业去做，即从市场上购买有关的物流服务，如由专门的运输公司负责原料和产品的运输；二是物流服务的基础设施为企业所有，但委托有关的物流企业来运作，如请仓库管理公司来管理仓库，或请物流企业来运作管理现有的企业车队。

（3）物流系统组织

企业既不拥有自己的物流服务设施，也不设置功能性的物流职能部门，而是通过整合市场资源的办法获得相应的物流服务，包括供应链的设计、物流服务标准的制定、供应商和分销商的选择等，直至聘请第三方物流企业来提供一揽子的物流服务。

2. 第三方物流

第三方物流（third-party logistics，3PL）的概念源自管理学中的外包，意指企业动态地配置自身和其他企业的功能和服务，利用外部的资源为企业内部的生产经营服务；将外包引入物流管理领域，就产生了第三方物流的概念。所谓第三方物流是指生产经营企业为集中精力搞好主业，把原来属于自己处理的物流活动以合同方式委托给专业物流服务企业，同时通过信息系统与物流服务企业保持密切联系以达到对物流全程管理和控制的一种物流运作与管理方式。因此第三方物流又叫合同制物流。

《中华人民共和国国家标准：物流术语》中将第三方物流定义为：接受客户委托为其提供专项或全面物流系统设计或系统运营的物流服务模式。

第三方物流的主要标志有以下几种：①具有提供现代化、系统物流服务的企业要素；②可以向货主提供包括供应链在内的全程物流服务和特定的定制化的物流服务；③采取委托—承包形式的长期业务外包形式的物流活动；④提供增值物流服务的现代化物流活动。

3PL 既不属于第一方（供应方），也不属于第二方（需求方），而是通过与第一方或第二方的合作来提供其专业化的物流服务。它不拥有商品，不参与商品的买卖，而是为客户提供以合同为约束、以结盟为基础的、系列化、个性化和信息化的物流代理服务。最常见的 3PL 服务包括设计物流系统、电子数据交换（EDI）能力、报表管理、货物集运、选择承运人和货代人、海关代理、信息管理、仓储、咨询、运费支付以及运费谈判等。

3. 第四方物流

第四方物流（fourth party logistics，4PL）的概念是 1998 年美国埃森哲

咨询公司率先提出的。第四方并不实际承担具体的物流运作活动，而是专门为第一方、第二方和第三方提供物流规划、咨询、物流信息系统及供应链管理等活动。

第四方物流是一个供应链的集成商，一般情况下是政府为促进地区物流产业发展而领头搭建第四方物流平台提供共享及发布信息服务，是供需双方及第三方物流的领导力量。它不仅仅是物流的利益方，而且通过拥有的信息技术、整合能力及其他资源提供一套完整的供应链解决方案，以此获取一定的利润。它能帮助企业实现降低成本和有效整合资源，并且依靠优秀的第三方物流供应商、技术供应商、管理咨询以及其他增值服务商，为客户提供独特且广泛的供应链解决方案。

第四方物流负责第三方物流安排之外的功能整合。因为全球性供应链管理单靠第三方物流来组织、整合，不可能做到包罗万象。除了要保持速度及有效运作，它必须围绕自身性质和重整来经营，采用合作而不是直接控制的方法来获得能力。为此，需将单个组织以外的知识与资源纳入第四方物流。

（六）其他类型的物流

1. 精益物流

精益物流是以客户需求为中心，从供应链整体的角度出发，对供应链物流过程中的每一个环节进行分析，找出不能提供增值的浪费所在。根据不间断、不绕流、不等待和不做无用功等原则制订物流解决方案，以减少整个供应提前期和供应链中的各级库存，适时提供仅由供应链需求驱动的高效率、低成本的物流服务，并努力追求完美。其目标可以概括为在为客户提供满意的物流服务的同时，把浪费降低到最低。

精益物流起源于精益制造的概念，是精益思想在物流管理中的应用。其核心目的是追求消灭包括库存在内的一切浪费，并围绕此目标发展的一系列具体方法。

2. 逆向物流

逆向物流是指物资从产品消费点（包括最终用户和供应链上的客户）到

产品的来源点的物理性流动。根据美国物流管理协会（CLM）的定义，逆向物流就是对由最终消费端到最初的供应源之间的在制品、库存、制成品以及相应的信息流、资金流所进行的一系列计划、执行和控制等活动及过程，目标是对产品进行适当的处理或者恢复一部分价值。逆向物流包括投诉退货、终端使用退回、商业退回、维修退回、生产报废、副品及包装等。

3. 绿色物流

绿色物流是指在物流过程中抑制物流对环境造成危害的同时，实现对物流环境的净化，使物流资源得到充分利用。

绿色物流建立在可持续发展理论、生态经济理论、生态伦理学理论、外部成本内部化理论和物流绩效评估的基础之上，目标是降低对环境的污染、减少资源消耗。绿色物流内涵主要包括以下五个方面：

（1）集约资源

这是绿色物流的本质内容，也是物流业发展的主要指导思想之一。通过整合现有资源，优化资源配置，可以使企业提高资源利用率，减少资源浪费。

（2）绿色运输

运输过程中的燃油消耗和尾气排放，是物流活动造成环境污染的主要原因之一。因此，要想打造绿色物流，首先要对运输线路进行合理布局与规划，通过缩短运输路线和提高车辆装载率等措施，实现节能减排的目标。另外，还要注重对运输车辆的养护，使用清洁燃料，减少能耗及尾气排放。

（3）绿色仓储

绿色仓储一方面要求仓库选址合理，要有利于节约运输成本；另一方面，仓储布局要科学，使仓库得以充分利用，实现仓储面积利用的最大化，减少仓储成本。

（4）绿色包装

包装是物流活动的一个重要环节，绿色包装可以提高包装材料的回收利用率，有效控制资源消耗，避免环境污染。

（5）废弃物物流

废弃物是指在生产建设、日常生活和其他社会活动中产生的，在一定时间和空间范围内基本或者完全失去使用价值，无法回收和利用的排放物。很多废弃物中含有对人体有害的物质，如果不及时有效地处理，必将影响人们的整个生活环境。尤其是在大城市这种人口密度大、企业数量多和废弃物排放量高的地方，不经过处理直接排放到自然界中的废弃物，会严重影响到农业土壤、植被和饮用水源，所以必须对其处理。对废弃物进行处理就形成了废弃物物流。

4. 智慧物流

智慧物流是一种以信息技术为支撑，在物流的运输、仓储、包装、装卸搬运、流通加工、配送及信息服务等各个环节实现系统感知、全面分析、及时处理及自我调整功能，实现物流规整智慧、发现智慧、创新智慧和系统智慧的现代综合性物流系统。"智慧物流"重视将物联网和传感网与现有的互联网整合起来，通过精细、动态、科学的管理以实现物流的自动化、可视化、可控化、智能化和网络化，从而提高资源利用率和生产力水平。

三、物流的功能要素

物流具有运输、储存、装卸搬运、包装、流通加工、配送和信息处理七项基本功能，其中运输和储存弥合了商品的空间间隔和时间间隔，创造了物流的空间价值和时间价值，流通加工则创造了物流的附加价值。

（一）运输

运输就是商品的载运和输送。由于供给者和需求者之间往往处于不同的空间，所以商品从生产出来到最终消费，必须要经过一段空间转移。运输将商品从供应地转移到需求地，从而满足消费者的需求，这就产生了空间效益。运输解决了供给者和需求者之间在场所上的分离，创造了物流的空间价值。

（二）储存

储存是指在商品生产出来之后到达消费者手中之前所进行的商品保管的

过程。储存解决了供给者和需求者之间在时间上的分离，创造了物流的时间价值。

商品的生产和消费一般是不完全同步的，存在一定的时间差。储存可以克服生产和消费上的时间差，产生时间效用。比如，在粮食的收获季节将收获的粮食储存起来，就可以在不能生产的季节继续向消费者提供。

储存还可以调节供需平衡。多数产品的销售都有明显的季节周期性。比如空调，淡旺季的差别很明显——每年5～8月这4个月内销售的空调就占全年销售的60%以上，特别是在酷热难耐的7月，一个月就占全年销售的20%以上，而另外8个月的销售只能占全年销售的近40%。企业的生产能力是有限的，旺季时的生产能力不足以满足市场需求，而淡季时生产能力是大于需求的。在淡季时将生产的部分产品储存起来，用来满足旺季的需求，可调节淡旺季的供需平衡，保持生产的相对稳定。

（三）装卸搬运

装卸是在同一地域范围内（如车站范围、工厂范围及仓库内部等）改变"物"的存放和支承状态的活动，装卸使物体发生垂直位置的移动；搬运则是改变"物"的空间位置的活动，搬运使物体发生水平位置移动，两者全称装卸搬运。装卸搬运是连接物流各环节的桥梁，是随着运输及储存而附带发生的作业。比如进行货物运输时，首先需要将货物装进运输工具中，到达目的地后，又需要将货物从运输工具中卸出。

装卸搬运作业一般由堆放拆垛作业、分拣配货作业和搬送移送作业等构成。装卸搬运虽不能产生新的价值和效用，但是作为物流过程中不可或缺的环节，它的重要性还是不容否定的。对我国生产物流的统计显示，机械加工企业每生产1吨成品，需要进行252吨次的装卸搬运，其成本为加工成本的15.5%左右。因此要降低物流费用，装卸搬运是个重要环节，装卸搬运作业质量的好坏直接影响着物流成本的大小。另外，装卸搬运作业过程中，货物会受各种外力作用，比如撞击、挤压、震动，这些外力可以使货物的包装和货物本身受损。因此装卸搬运作业质量的好坏也会影响物流服务质量的高低。

（四）包装

包装是为了在流通过程中保护商品、方便储运和促进销售而按照一定的技术方法，用容器、材料及辅助物等将物品包封并予以适当的装饰和标志的活动。商品在运输途中，难免会受到一定的震动或者挤压，商品的包装可以减缓这些外力的作用，使物品的形状、性能及品质在物流过程中不受损坏；另外包装上大都有商品的相关信息，这些信息可以帮助工作人员区分不同的商品。通过包装还可以使物品形成单元，装卸搬运时方便操作，储存时方便放置；此外通过包装还可以达到促销效果。美国杜邦化学公司提出的"杜邦定律"认为63%的消费者是根据商品的包装决定购买的。市场和消费者是通过商品来认识企业的，而商品的商标和包装就是企业的面孔，它反映了一个企业的综合科技文化水平。

（五）流通加工

流通加工是为了提高物流速度和物品的利用率，在物品进入流通领域后，按客户的要求所进行的加工活动，即在物品从生产者向消费者流动的过程中，为了促进销售、维护商品质量和提高物流效率，对物品进行一定程度的加工。流通加工是物品在从生产地到使用地的过程中，根据需要施加包装、分割、计量、分拣、刷标志、拴标签、组装等简单作业的总称。

流通加工的场所可能位于加工中心、配送中心、仓储中心以及销售处。流通加工的内容一般包括装袋、定量化小包装、挂牌子、贴标签、配货、拣选、分类、混装和刷标记等。生产外延的流通加工包括剪断、打孔、折弯、拉拔、挑扣、组装、改装、配套及混凝土搅拌等。流通加工提高了商品的附加值，创造了物流的附加价值。

（六）配送

配送不仅仅是送货，还包括拣选、分货、包装、分割、组配及配货等多项工作。实物配送过程，可以使顾客服务的时间和空间的需求成为营销的一个整体组成部分。

（七）信息处理

物流信息包括物流活动产生的信息和供物流使用的其他信息源产生的信息。物流系统中的相互衔接是通过信息予以沟通的，基本资源的调配也是通过信息的传递来实现的：比如物流中装卸搬运作业的组织是按照运送货物的数量、种类、到货方式以及包装情况来决定的。所以物流内控必须以信息为基础。物流中的信息处理工作，就是根据物流内控的信息需求，对收集到的物流信息进行筛选、分类、加工及储存等活动，加工出对物流内控有用的信息。

四、物流管理的概念

本书将物流管理定义为：用先进的管理思想和恰当的管理技术与信息技术，对物品流动的全过程进行有效管理和控制，以满足客户需求，最大限度地降低成本，提高效益和效率。

物流管理的内容包括三个方面：对物流活动诸要素的管理，包括运输、储存、装卸搬运、流通加工、配送和信息处理等环节的管理；对物流系统诸要素的管理，即对其中人、财、物、设备、方法和信息六大要素的管理；对物流活动中具体职能的管理，主要包括物流计划、质量、技术、经济等职能的管理等。

第二节　供应链与供应链管理

一、供应链管理产生的背景

（一）21世纪市场竞争环境的变化

20世纪90年代以来，随着科学技术不断进步和经济的不断发展、全球化信息网络和全球化市场形成及技术变革的加速，围绕新产品的市场竞争也日趋激烈。技术进步和需求多样化使得产品寿命周期不断缩短，企业面临着缩短交货期、提高产品质量、降低成本和改进服务的压力。所有这些都要求企业能对不断变化的市场做出快速反应，源源不断地开发出满足用户需求的、定制的"个性化产品"去占领市场以赢得竞争，市场竞争也主要围绕新产品的竞争而展开。毋庸置疑，这种状况延续到了21世纪，21世纪市场竞争有如下几个特点：

1. 产品生命周期越来越短

随着科学技术的飞速发展和企业的产品开发能力的不断提高，产品的更新换代速度越来越快。新一代产品的推出，也意味着老一代产品的被淘汰。产品更新换代速度的加快大大缩短了产品在市场上存留的时间。企业在产品开发时间和上市时间的活动余地越来越小，面临的压力也越来越大。

2. 产品品种数飞速膨胀

因消费者需求的多样化越来越突出，厂家为了更好地满足其要求，便不断推出新的品种，从而引起了一轮又一轮的产品开发竞争，结果是产品的品种数成倍增长。

3. 对订单响应周期的要求越来越高

随着市场竞争的加剧，经济活动的节奏越来越快。其结果是每个企业都感到用户对时间方面的要求越来越高。这一变化的直接反映就是竞争主要因素的变化。20世纪60年代，企业之间竞争的主要因素是成本，到70年代时竞争的主要因素转变为质量，80年代以后竞争的主要因素是品种和服务，而90年代以后竞争的主要因素转变为时间。这里所说的时间要素主要是指交货期和响应周期。用户不但要求厂家要按期交货，而且要求的交货期越来越短。我们说企业要有很强的产品开发能力，不仅指产品品种，更重要的是指产品上市时间，即尽可能提高对客户需求的响应速度。缩短产品的开发、生产周期，在尽可能短的时间内满足用户要求，已成为当今所有管理者最为关注的问题之一。

4.对产品和服务的期望越来越高

随着人们自我意识的增强，用户对产品质量、服务质量的要求越来越高，客户需求变得多样化、个性化，规模生产下的"千篇一律"的产品受到巨大的市场冲击，现在的企业必须具有根据每一个顾客的特别要求提供定制产品或服务的能力，即所谓的"一对一"（one-to-one）的定制化服务。企业为了能在新的环境下继续保持发展，纷纷转变生产管理模式，采取措施从大量生产转向定制化大量生产。个性化定制生产能高质量、低成本地快速响应客户需求，但是对企业的运作模式提出了更高的要求。

（二）现代企业管理的变革

1.传统企业管理模式的弊端

在新的市场竞争环境下，基于"纵向一体化"的传统管理模式暴露出种种缺陷：

第一，增加企业投资负担，无论是自建、控股还是兼并，企业都必须付出巨大的投资，而日益频繁的经济波动使企业难以承受过重的投资和过长的建设周期带来的风险。

第二，迫使企业从事不擅长的业务，使企业有限的资源消耗在众多的经营领域，企业难以形成突出的核心优势。

第三，对于复杂多变的市场需求，庞大的企业组织无法做出敏捷的响应。

第四，增大企业的行业风险，如果整个行业不景气，采用纵向一体化模式的企业不仅会在最终用户市场遭受损失，而且会在各个纵向发展的市场遭受损失。

现行的管理模式已无法适应外部环境的变化，人们便从技术和组织的角度采取了许多措施，提出了许多适应竞争环境变化的有效方法，如计算机集成制造系统、企业资源计划（ERP）、生产准时制（JIT）、精细生产等，都可认为是为了提高企业对用户需求的有效响应而采取的措施。

2.现代企业管理模式的变化

归纳起来，管理模式的变化可以分为两个阶段：单个企业的管理模式和基于扩展企业的管理模式。

（1）单个企业的管理模式阶段

所谓单个企业的管理模式，是指管理模式的设计以某一个企业的资源利用为核心，资源的概念仅局限于本企业。比较典型的管理模式有如下几种形式。

成组技术 GT（group technology）：通过将结构形式和工艺相似的零件归并成相似的零件组来扩大零件的制造批量，以便采用较先进的大批量生产方式和设备来提高小批量产品的生产率和经济效益。

柔性制造系统 FMS（flexible manufacturing system）：由一个传输系统连接起来的一些设备（通常是具有自动换刀装置的加工中心机床）组成，传输装置把工件放在托盘或其他连接装置上然后送到各加工设备，加工设备和传输系统在中央计算机控制下，使工件加工准确、迅速和自动化。柔性制造系统有时可同时加工几种不同的零件，实现了柔性生产流水作业，将自动化生产系统从少品种大批量生产型转向多品种生产型的柔性系统。

变化减少方案 VRP（variety reduction program）：通过降低产品的结构变化性和制造结构变化性，来达到在控制成本的同时设计、生产多样化的产品的目的。

计算机集成制造系统 CIMS（computer integrated manufacturing system）：通过计算机硬软件，并综合运用现代管理技术、制造技术、信息技术、自动化技术、系统工程技术，企业全部过程中有关的人、技术、经营管理三要素及其信息与物流有机集成并优化运行的复杂的大系统。

（2）基于扩展企业的管理模式阶段

全球性的竞争使得市场变化太快，单个企业依靠自己的资源进行自我调整的速度赶不上市场变化的速度。为了解决这个影响企业生存和发展的世界性问题，有人提出了以虚拟企业（virtual enterprise，VE）或动态联盟为基础的敏捷制造模式。提出敏捷制造是一次战略高度的变革。敏捷制造面对的是全球化激烈竞争的买方市场，采用可以快速重构的生产单元构成的扁平组织结构，以充分自主的、分布式的协同工作代替金字塔式的多层管理结构，注重发挥人的创造性，变企业之间你死我活的竞争关系为既有竞争又有合作的"共赢"关系。敏捷制造强调基于互联网的信息开放、共享和集成。

从 20 世纪 80 年代后期开始，国际上很多企业陆续放弃了"纵向一体化"的经营模式，随之而来的是"横向一体化"思想的兴起，即利用企业外部资源快速响应市场需求，本企业只抓最核心的东西：产品方向和市场。至于生产，只抓关键零部件的制造，甚至全部委托其他企业加工。

"横向一体化"形成了一条从供应商到制造商再到分销商的贯穿所有企业的"链"。由于相邻节点企业表现出一种需求与供应的关系，当把所有相邻企业依次连接起来，便形成了供应链（supply chain）。这条链上的节点企业必须达到同步、协调运行，才有可能使链上的所有企业都受益。于是便产生了供应链管理（supply chain management，SCM）这一新的经营与运作模式。

二、供应链的概念

（一）供应链的定义

关于供应链至今尚无一个统一的定义，在供应链管理的发展过程中，有关的专家和学者提出大量的定义，这些定义其实是在一定的背景下提出的，是在不同发展阶段的产物，可以把这些定义大致划分为下面三个阶段：

1. 物流管理阶段对供应链的定义

早期的观点将供应链视为企业内部的一个物流过程，它所涉及的主要是物料采购、库存、生产和分销诸部门的职能协调问题，最终目的是优化企业内部的业务流程，降低物流成本，从而提高经营效率。

此后，人们逐步将对供应环节重要性的认识从企业内部扩展到企业之间，把供应链的概念与采购、供应管理相关联，用来表示与供应商之间的关系，供应商被纳入了供应链的范畴。

2. 价值增值链阶段对供应链的定义

进入 20 世纪 90 年代，人们对供应链的理解又发生了新的变化：最终用户、消费者的地位得到了前所未有的重视，从而被纳入了供应链的范围。这样，供应链就不再只是一条生产链了，而是一个涵盖整个产品"运动"过程的价值增值链。

3.网链阶段对供应链的定义

随着信息技术的发展和产业不确定性的增加，今天的企业间关系正在呈现日益明显的网络化趋势。与此同时，供应链的概念也更加注重围绕核心企业的网链关系，即核心企业与供应商、供应商的供应商的一切前向关系，与用户、用户的用户及一切后向关系。

4.本书对供应链的定义

本书综合上述观念，将供应链定义为：供应链是在相互关联的部门或业务伙伴之间所发生的物流、资金流、知识流、信息流和服务流，覆盖从产品（或服务）设计、原材料采购、制造、包装到交付给最终用户的全过程的功能网链。

（二）供应链的基本构成要素

一般来说，构成供应链的基本要素包括以下几个方面。

1.供应商

供应商是指可以为企业的生产和经营提供产品、原材料、设备、工具及其他资源的企业。供应商可以是生产企业，也可以是流通企业。供应商提供的资源的价格和质量直接影响了核心企业产品的成本和质量，所以供应商的选择对企业来说很重要。

2.生产企业

生产企业即产品制造企业。广义来讲，生产企业指存在将企业的输入转化为输出的过程的企业，即存在对所销售的产品进行过加工或者装配，有购进原材料，使用人工生产装配的过程的企业。生产企业一般负责产品的生产、开发和售后服务等。

3.分销企业

分销企业就是为实现将产品送到经营地理范围每一角落而设的产品流通代理企业。商品经济的高速发展使工商企业的经济协作和专业化分工水平不断提高，面对众多消费者群体，生产企业既要生产或提供满足市场需要的产品和服务，又要以适当的成本快速地将产品和服务送达目标消费者，实现销售，这对商品生产企业来说，即使有可能做到，也没有必要去做，因为这样未必能达到企业收益最大化的目的。于是，通过其他中间商贸企业丰富而发达的市场体系来分销产品就成为市场经济的常态。

4. 零售企业

零售企业是将产品或服务销售给消费者的企业。零售企业一般设有商品营业场所、柜台，不自产商品，并且直接面向最终消费者。零售企业包括直接从事综合商品销售的百货商场、超级市场、零售商店等。

5. 用户/消费者

用户/消费者是指购买或使用商品和接受服务的社会成员，是产品和服务的最终使用者。用户/消费者是供应链的最后环节，也是整条供应链的唯一收入来源。

三、供应链的类型

供应链的产生和发展的历史虽然短暂，但由于它在企业经营中的重要地位和作用，以及它对提升企业竞争力的明显优势，其发展速度很快，已经形成了具有明显特点的供应链模式和结构。从不同的角度出发，按不同的标准，可以将供应链划分为不同的类型。

（一）按照供应链驱动力的来源划分

按照供应链驱动力的来源，供应链可以分为推动式供应链和拉动式供应链。

1. 推动式供应链

推动式供应链的运作是以产品为中心，以生产制造商为驱动原点的供应链模式。这种传统的推动式供应链管理以生产为中心，力图尽量提高生产率，通过降低单件产品成本来获得利润。通常，生产企业根据自己的计划来安排从供应商处购买原材料，生产出产品，并将产品经过各种渠道（如分销商、批发商、零售商）一直推至客户端。在这种供应链上，生产商对整个供应链起主导作用，是供应链上的核心或关键成员，而其他环节（如流通领域的企业）则处于被动的地位。这种供应链方式的运作和实施相对较为容易。然而，由于生产商在供应链上远离客户，对客户的需求远不如流通领域的零售商和分销商了解得清楚，这种供应链上企业之间的集成度较低、反应速度慢，在缺乏对客户需求了解的情况下生产出的产品和驱动供应链运作的方向往往是无法匹配和满足客户需求的。

同时，由于无法掌握供应链下游，特别是最末端的客户需求，一旦下游有微小的需求变化，反映到上游时这种变化将被逐级放大，这种效应被称为牛鞭效应。为了应对相应下游，特别是末端客户需求的变化，在供应链的每个节点上，都必须采取提高安全库存量的办法，因此，整个供应链上的库存较高，响应客户需求变化较慢。

2. 拉动式供应链

拉动式供应链以顾客为中心，以市场和客户的实际需求来拉动产品的生产和服务。这种运作需要整个供应链更快地跟踪客户和市场的需求，来提高整个供应链上的产品和资金流通效率，减少流通过程中的浪费，降低成本，提高市场的适应力，特别是对下游的流通和零售行业，更是要求供应链上的成员间有更强的信息共享、协同、响应和适应能力。拉动式供应链虽然整体绩效表现出色，但对供应链上企业的管理和信息化程度要求较高，对整个供应链的集成和协同运作的技术和基础设施要求也较高。

以家具公司为例，家具的订单是家具生产企业一切业务活动的拉动点，生产装配、采购等的计划安排和运作都是以此为依据和基础进行的，这种典型的面向订单的生产运作可以明显地减少库存积压和个性化及特殊配置需求，并加快资金周转。然而，这种供应链的运作和实施相对较难。

在一个企业内部，对于有些业务流程来说，有时推动式和拉动式方式共存。如戴尔计算机公司的个人电脑生产线，既有推动式运作又有拉动式运作，其个人电脑装配的起点就是推和拉的分界线，在装配之前的所有流程都是推动式流程，而装配和其后的所有流程是拉动式流程，完全取决于客户订单。这种推、拉共存的运作对制定有关供应链设计的战略决策非常有用。例如，供应链管理中的延迟生产策略就很好地体现了这一点，通过对产品设计流程的改进，使推和拉的边界尽可能后延，便可有效地解决大规模生产与大规模个性定制之间的矛盾，在充分利用规模经济的同时实现大批量客户化生产。

（二）按照供应链容量与客户需求的关系划分

根据供应链容量与客户需求的关系可以划分为平衡的供应链和倾斜的供应链。一个供应链具有相对稳定的设备容量和生产能力（所有节点企业能力的综合，包括供应商、制造商、运输商、分销商、零售商等），但客户需求处于不断变化的过程中，当供应链的容量能满足客户需求时，供应链处于平衡状态，而当市场变化加剧，造成供应链成本增加、库存增加、浪费增加等现象时，企业不是在最优状态下运作，供应链则处于倾斜状态。

平衡的供应链可以实现各主要职能（采购/低采购成本、生产/规模效益、分销/低运输成本、市场/产品多样化和财务/资金运转快）之间的均衡。

（三）按照供应链的功能模式划分

根据支持功能性产品和创新性产品的不同，可以把供应链划分为两种：效率型供应链和响应型供应链。效率型供应链主要体现供应链的物料转换功能，即以最低的成本将原材料转化成零部件、半成品、产品，以及在供应链中的运输等；响应型供应链主要体现供应链对市场需求的响应功能，即把产品分配到满足客户需求的市场，对未预知的需求做出快速反应等。

（四）按照供应链提供的商品有形性划分

根据供应链中的商品是否为有形实体可以把供应链划分为两种：产品供应链和服务供应链。

1. 产品供应链

供应链管理最早研究的就是制造业中的产品供应链。产品供应链是指有形的实体商品从初级生产直到消费的各环节和操作的顺序，涉及产品及其辅料的生产、加工、分销、储存和处理，其范围包括从原材料生产者、产品生产制造商、运输和仓储者、转包商到零售商和产品服务环节以及相关的组织，如设备、包装材料生产者、清洗行业、添加剂和配料生产者。

2. 服务供应链

近年来，许多制造企业具有产品服务化趋势，即把产品的含义从单纯的有形产品转移到基于产品的增值服务，如 IBM 公司的信息服务、美国通用电气公司的能源管理服务等。服务科学也随之兴起。服务供应链是服务科学的一个重要理论基础。

服务供应链是以客户需求为导向，围绕核心企业，通过对客户流、服务流、信息流、资金流等实行有效的控制，将客户价值管理、服务流程管理、服务能力管理进行紧密集成，实现供应链管理服务产品经济效益、社会效益、环境效益、客户信息效益最大化的一个完整的功能网链结构模式。服务供应链是由提供服务产品及内容的供应者、服务方式的设计者、服务形式的管理者和服务内容的响应者组成的系统。

国内外关于服务供应链内涵的理解大致分为两大类：一类观点认为，服务供应链是传统供应链相关服务活动的集成；另一类观点认为，服务供应链是传统供应链的理论在服务部门的应用。国内依据服务行业的不同，衍生出不同的服务供应链概念，主要有物业服务供应链、旅游服务供应链和物流服务供应链等。

（五）其他类型的供应链

1. 绿色供应链

绿色供应链的概念是美国密歇根州立大学的制造研究协会于 1996 年提出的。绿色供应链理论从本质上来说就是在实施供应链管理的同时注重对环境的保护，强调环境与经济的协调发展。从产品的原材料采购开始，就进行追踪和控制，使产品在设计研发阶段就遵循环保原则，从而减少产品在使用和回收时给环境带来的危害。

绿色供应链是以绿色制造理论和供应链管理技术为基础，设计供应链中各节点上的供应商、生产商、销售商和消费者，其目的是从物料获取、加工生产、包装运输、使用消费到报废处理的整个过程，对环境的影响最小，对资源的利用效率最高。即从供应商提供的原材料直到客户消费后商品处理的整个过程都应该考虑资源综合利用和环境保护，降低整个生产活动给人类和环境带来的危害，并最终实现经济效益和环境效益的最优化。

2. 智慧供应链

智慧供应链是结合物联网技术和现代供应链管理的理论、方法和技术，在企业内部和企业间构建的，实现供应链的智能化、网络化和自动化的技术与管理综合集成的系统。智慧供应链的核心是着眼于使供应链中的成员在信息流、物流、资金流等方面实现无缝对接，尽量消除不对称信息因子的影响，最终从根本上解决供应链效率问题。

四、供应链管理的概念及特征

对供应链这一复杂系统，要想取得良好的绩效，必须找到有效的协调管理方法，供应链管理思想就是在这种环境下提出的。

供应链管理的客体是供应链。对供应链不同范围、不同角度的认识决定了供应链管理的范围和角度，由于人们对供应链有不同认识，对供应链管理的概念也没有统一的说法。在供应链管理的发展过程中，有关专家和学者提出大量的定义。最早人们把供应链管理的重点放在管理库存上，作为平衡有限的生产能力和适应用户需求变化的缓冲手段，它通过各种协调手段，寻求把产品迅速、可靠地送到用户手中所需要的费用与生产、库存管理费用之间的平衡点，从而确定最佳的库存投资额。因此其主要工作任务是管理库存和运输。现在的供应链管理则把供应链上的各个企业作为一个不可分割的整体，使供应链上各企业分担的采购、生产、分销和销售的职能成为一个协调发展的有机体。

供应链管理是借助信息技术和先进的管理理念，将供应链上合作伙伴相关的业务流程集成起来，并进行有效管理，使供应链各环节协同运作，提高客户满意度，提升供应链整体效率和效益。

供应链管理的目标就是通过调节总成本最低化、总库存最小化、总周期最短化以及物流质量最优化等目标之间的冲突，实现供应链绩效最大化。通过优化和改进供应链活动，集成和协同供应链组织和它们之间的"流"，最终提高供应链的整体竞争能力。供应链管理的实质是深入供应链的各个增值环节，将顾客所需的正确产品能够在正确的时间，按照正确的数量、正确的质量和正确的状态送到正确的地点，即"6R"（R为"正确的"的英文单词 right 的首字母），并使总成本最小。

供应链管理具有以下几个基本特征：

第一，以客户满意度为目标的服务化管理。在供应链管理中，客户服务目标的设定优先于其他目标，以顾客满意为最高目标。对下游企业来讲，供应链上游企业的功能不是简单地提供物料，而是用最低的成本提供最好的服务。

第二，强调核心竞争力。体现"横向一体化"，为此要清楚地辨别本企业的核心业务，然后狠抓核心资源，以提高核心竞争力。

第三，资源外用。通过协作的方式整合外部资源以获得最佳的整体运营效益，除了核心业务以外的业务都可能是"外源的"，即从公司外部获得。非核心业务采取外包的方式分散给业务伙伴，与业务伙伴结成战略联盟关系。

第四，合作性竞争。过去的竞争对手互相结盟，共同开发新技术，成果共享；将过去由本企业生产的非核心零部件外包给供应商，双方合作共同参与竞争。

第五，物流、信息流、资金流的集成。强调物流、信息流、资金流必须集成起来，只有跨企业流程实现集成化，才能实现供应链企业协调运作的目标。

第六，利用信息系统优化供应链的运作。通过应用先进的信息技术，使供应链成员及时有效的获得其客户的需求信息，并对信息及时响应，满足客户的需求。

第七，更加关注物流企业的参与。物流的作用特别重要，因为缩短物流周期比缩短制造周期更关键。

五、供应链管理的主要内容及关键要素

1. 供应链管理的主要内容

供应链管理主要涉及四个主要领域：供应、生产计划、物流、需求。供应链管理是以同步化、集成化生产计划为指导，以各种技术为支持，尤其以网络（Internet/Intranet）为依托，围绕供应、生产作业、物流（主要指制造过程）、满足需求来实施的。供应链管理的目标在于提高用户服务水平和降低总的交易成本，并且寻求两个目标之间的平衡。

在以上四个领域的基础上，我们可以将供应链管理细分为职能领域和辅助领域。职能领域主要包括产品工程、产品技术保证、采购、生产控制、库存控制、仓储管理、分销管理。而辅助领域主要包括客户服务、制造、设计工程、会计核算、人力资源、市场营销。

供应链管理涉及供应管理、生产计划、物流管理和需求管理四个领域。具体而言，包括以下内容：

第一，供应链战略管理。包括供应链战略匹配、供应链绩效评价体系的建立等。

第二，供应链网络设计。包括设施选址、产能分配、分销网络设计等。

第三，供应链计划管理。包括供应链需求预测、供给管理、需求计划管理、综合计划制定等。

第四，供应链库存管理。包括仓储管理、库存控制等。

第五，供应链运输与配送管理。包括运输策略制定、配送策略制定、运输网络管理、配送网络管理等。

第六，供应链采购与供应管理。包括供应链合作伙伴选择与评价、采购管理、风险管理等。

第七，供应链信息管理。包括信息共享、信息处理等。

2. 供应链管理的关键要素

供应链管理的内容包含十大关键要素，分别是供应链计划管理、供应链

信息流管理、客户服务管理、库存管理、运输管理、设施选址决策、合作关系管理、企业组织机构、绩效评价与激励以及风险管理。

第一，供应链计划管理。供应链计划是整个供应链系统的核心，供应链其他要素都按照它发出的指令运行。供应链计划一般由核心企业主导，着眼于优化整个供应链。

第二，供应链信息流管理。信息流是供应链上各种计划、订单、报表、库存状态、交付过程等指令及其他关键因素之间传递的数据流。供应链信息流是整个供应链系统的技术保证，也是供应链性能改进的最重要因素，因为它直接影响着物流、服务流、资金流及其他关键要素的运行。

第三，客户服务管理。供应链管理的目标就是提升客户价值和客户满意度。为此供应链的运营都是围绕客户来进行的，供应链企业必须掌握客户信息，把握客户状态，以便为客户提供更好的服务。

第四，库存管理。供应链在实际运作中，会受各种不确定因素的影响，而导致物流和信息流的流动障碍，如机械故障、原材料因某种原因不能按时到达等。为了消除这些不确定因素的不利影响，企业往往需要维持一定的库存水平，而库存水平的增加必然导致成本的上升。库存管理就是要控制好库存水平，一方面要通过维持一定的库存防备不确定因素的影响，另一方面又要尽量减少库存以降低成本。

第五，运输管理。运输管理的一个基本决策就是要在运输成本与响应速度之间求得一个平衡。运输成本与运输物品的性质、批量大小及运输工具有关系。不同的运输方式的运输成本和响应速度不同，而且往往是响应速度快的运输成本高，而运输成本低的响应速度慢。运输管理就是要在两者之间做出选择，以期求得供应链收益的最大化。

第六，设施选址决策。设施，指的是为客户提供生产和服务过程的硬件基础，通常是指工厂、车间、仓库、物流中心和配送中心等实体。设施选址决策关系到设施建造成本、建成后的运营成本、物流成本、服务质量和收益等。设施选址的正确与否，会对供应链运作产生长远而重大的影响。如何运用科学的方法进行设施选址决策，保证设施选址决策的合理性与正确性，是供应链有效运行的前提。

第七，合作关系管理。合作关系管理的主要任务是增强战略合作伙伴企业之间的相互信任和相互合作。为此，合作伙伴关系企业之间要共享相关信息（包括企业生产能力、相关生产技术、企业经营计划和经营策略等），明确双方责任及共同利益所在，保证信息交流渠道顺畅，保持相互之间的操作的一致性。

第八，企业组织机构。现代管理学认为，企业组织创新是企业的核心能力构成要素之一，是提高企业的组织效率、管理水平和竞争能力的有效措施。随着科学技术的不断进步，市场竞争环境不断变化，企业的管理模式和企业组织结构形式被不断地研究、探索，以期找到一种可以提高供应链的响应速度和绩效的组织形式，提升企业供应链的竞争水平。

第九，绩效评价与激励。供应链激励主要是通过某些激励手段，调动合作双方的积极性，使供应链的运作更加顺畅，以更好地实现合作双方共赢的目标。绩效评价就是围绕供应链管理目标，对供应链整体及各环节运营状况，按照预定的评价体系进行分析评价。绩效评价可以帮助决策者做出最优决策。科学合理的绩效评价体系是供应链管理的导向与坐标，也是制定激励机制的基础，但也是目前供应链管理的难点与薄弱环节。

第十，风险管理。供应链上各环节是环环相扣的，一个环节出了问题，就可能影响整个供应链的正常运行。而在实际生产活动中，存在各种不确定因素，比如地震、火灾、机器故障等，供应链管理必须对不确定因素的影响进行检测、预判和防范，并制订应急预案，使供应链在受到内外部各种风险因素影响时仍能够正常运行。

第三节　物流管理与供应链管理的关系

一、物流管理与供应链管理的联系

供应链管理是一种流程的集成化管理，它包括从供应商到最终客户提供产品、服务和信息以创造客户价值的整个流程。对供应链管理更广泛的理解正在出现，供应链管理包含从源供应商提供产品、服务和信息以增加客户价值，到终端客户的所有流程的集成，它不再仅仅是物流的另一种称呼。供应链管理涵盖物流管理中没有包含的要素，如信息系统集成、计划与控制活动的协调。供应链与物流管理的联系可以从物流管理和供应链管理两个方面分析。

1. 从物流管理角度分析

（1）物流管理是供应链管理的一个子集或子系统

从各种关于物流管理和供应链管理的定义来看，有一点是一致的，即物流管理承担了为满足客户需求而对货物、服务从起源地到消费地的流动和储存进行计划与控制的过程。它包含了内向、外向的内部、外部流动，物料回收以及原材料、产成品的流动等物流活动的管理。而供应链管理的对象涵盖了产品从产地到消费地传递过程中的所有活动，包括原材料和零部件供应、制造与装配、仓储与库存管理、订单录入与订货处理、分销管理、客户交付、客户关系管理、需求管理、产品设计、预测以及相关的信息系统等。它连接了所有的供应链上物品实体流动的计划、组织、协调与控制。也就是说，物流管理与供应链管理所涉及的管理范畴有很大的不同，物流管理是供应链管理的一个子集或子系统，供应链管理将许多物流管理以外的功能跨越企业间的界限整合起来。

（2）物流管理是供应链管理的核心内容

物流贯穿整个供应链，是供应链的载体、具体形态或表现形式（供应链的载体还包括信息流、资金流)。它衔接供应链的各个企业,是企业间相互合作的纽带。没有物流,供应链中生产的产品的使用价值就无法实现,供应链也就失去了存在的价值。

物流价值(此处指采购和分销之和)在各种类型的产品和行业中都占到了整个供应链价值的一半以上。所以,物流管理是供应链管理的核心,有效地管理好物流过程,对于提高供应链的价值增值水平有着举足轻重的作用。

2. 从供应链管理角度分析

(1)供应链管理是物流运作管理的扩展

供应链管理要求企业从仅仅关注物流活动的优化,转变到关注优化所有的企业职能,包括需求管理、市场营销和销售、制造、财务和物流,将这些活动紧密地集成起来,以实现在产品设计、制造、分销客户服务、成本管理以及增值服务等方面的重大突破。鉴于成本控制对市场的成功非常关键,物流绩效将逐渐根据整个企业的 JIT 和快速反应目标做出评估。这种内部的定位要求高层管理将企业战略计划和组织结构的关注点放在物流的能力上。

(2)供应链管理是物流一体化管理的延伸

供应链管理将公司外部存在的竞争优势机会包含在内,关注外部集成和跨企业的业务职能,通过重塑它们与其代理商、客户和第三方联盟之间的关系,来寻求生产率的提高和竞争空间的扩大。通过信息技术和通信技术的应用,将整个供应链连接在一起,企业将视自己和其贸易伙伴为一个扩展企业,从而形成一种创造市场价值的全新方法。

(3)供应链管理是物流管理的新战略

供应链管理在运作方面关注传统的物流运作任务,如加速供应链库存的流动,与贸易伙伴一起优化内部职能,并提供一种在整个供应链上持续降低成本以提高生产率的机制。供应链管理扩展企业的外部定位和网络能力,将公司构造成一个变革性渠道联盟,以寻求在产品和服务方面的重大突破。

二、物流管理与供应链管理的区别

物流管理与供应链管理虽然存在一定的联系，但也存在着许多的不同，主要表现在以下几个方面：

（一）存在基础和管理模式不同

任何单个企业或供应链，只要存在物的流动，就存在物流管理；而供应链管理必须以供应链导向为前提，以信任和承诺为基础，物流管理主要以企业内部物流管理或企业间物流管理这两种形式出现，主要表现为一种职能化管理模式；供应链管理则以流程管理为表现形式，它不是对多个企业的简单集合管理，而是对多个企业所构成的流程进行管理，是一种流程化的价值链管理模式。

（二）导向目标不同

物流管理的目标是以最低的成本产出最优质的物流服务。对于不存在供应链管理的环境，物流管理在单个企业战略目标框架下实现物流管理目标；在供应链管理环境下，物流管理以供应链目标为指导，实现企业内部物流和接口物流的同步优化。

而供应链管理是以供应链为导向，目标是提升客户价值和客户满意度，获取供应链整体竞争优势。

（三）管理层次不同

物流管理对运输、仓储、配送、流通加工及相关信息等功能进行协调与管理，通过职能的计划与管理达到降低物流成本、优化物流服务的目的，属于运作层次的管理。而供应链聚焦于关键流程的战略管理，这些关键流程跨越供应链上所有成员企业及其内部的传统业务功能，供应链管理部门在战略层次的高度设计、整合与重构关键业务流程，并做出各种战略决策，包括战略伙伴关系、信息共享、合作与协调等决策。

(四)管理手段不同

既然物流管理与供应链管理的管理模式和层次都存在区别,其管理手段自然也不同。物流管理以现代信息技术为支撑,主要通过行政指令或指导,运用战术决策和计划来协调和管理各物流功能;供应链管理则以信任和承诺为基础,以资本运营为纽带,以合同与协议为手段,建立战略伙伴关系,运用现代化的信息技术,通过流程化管理,实现信息共享、风险共担和利益共存。

第二章　跨境电商采购与供应链管理

第一节　跨境电商采购管理概述

跨境电商与采购具有密不可分、相辅相成的关系，跨境电商采购的主要特征、相关流程、如何追单、采购过程存在哪些问题，都是跨境电商企业应该考虑的问题。

一、跨境电商采购的相关概念

（一）跨境电商采购

跨境电商采购也称跨境网上采购，是指通过建立电子商务交易平台，发布采购信息，或主动在网上寻找供应商、产品，然后通过网上洽谈、比价、网上竞价实现网上订货，网上支付货款，最后通过物流进行货物的配送，完成整个交易过程。跨境电商全流程需要采购供应、配送、电子支付、售后服务等环节的衔接配合，任何环节出问题都可能影响跨境电商的发展。

（二）商品编码

商品编码也称商品代号、商品编号，是指赋予某种产品的一个或一组有序的符号排列，以便于人工或计算机识别商品和处理商品。商品编码在跨境电商采购中具有极其重要的意义，商品编码的科学性，直接影响着跨境电商采购流程。

（三）采购计划

采购计划指跨境电商采购人员在了解市场供求情况、掌握电商经营特点和物料消耗规律的基础上，对计划期内的物料采购活动所做的预见性安排和部署。

（四）采购订单

采购订单指跨境电商采购人员根据采购计划，向供应商提出的关于采购业务的正式、最终的确认单据。

（五）采购追单

采购追单指跨境电商采购人员根据采购订单，对采购的材料及产品进行追踪，处理从下单到收到所购材料及产品过程中遇到的各种问题，如质量、数量、期限等。

跨境电商采购追单也称采购订单追踪。它是跨境电商采购流程中贯穿始终的一项工作，是指订单发出后，由采购人员对供应商的原材料采购、生产、质检、交货，以及物流商的货物运输、仓储、配送等进行全程监控的过程。

（六）采购到货处理

采购到货处理指跨境电商采购人员对收到的采购材料产品进行各种处置，包括到货准备、到货清点、到货检验、到货上架等。

二、跨境电商采购的主要特征

（一）库存周转速度快

跨境电商采购过程中，及时响应用户需求，降低库存，提高物流速度和库存周转率，使电商企业由"为库存而采购"转变为"为订单而采购"。

（二）多批次、少批量、快速响应

跨境电商采购要提高库存周转速度，就必须做到多批次、少批量和快速反应。这样，就对供应商提出了更高的要求，增加了供应商的生产成本。

（三）采购的广泛性

所有的供应商都可以向采购方投标，采购方也可以调查所有的供应商。这样可以扩大供应商范围，产生规模效益。

（四）采购的互动性

跨境电商采购的过程中，采购方与供应商可以通过电子邮件或聊天等方式进行实时信息交流，既方便又迅速，而且成本较低。

（五）采购效率高

跨境电商采购的过程中，可以突破时间和空间的束缚，有效地收集、处理和应用采购信息。

（六）采购的透明性

跨境电商采购的过程中，应实现采购过程的公开、公平、公正，杜绝采购过程中的腐败。将采购信息在网站公开，由计算机根据设定标准自动完成供应商的选择，有利于实现实时监控，使采购更透明、更规范。

（七）采购流程的标准化

按规定的标准流程进行，可以规范采购行为、采购市场，减少采购过程中的随意性。

（八）采购管理向供应链管理转变

采购方可以及时将数量、质量、服务、交货期等信息通过商务网站或电子数据交换（EDI）传送给供应方，并根据需求及时调整采购计划，使供应方严格按要求提供产品。

三、跨境电商采购流程

（一）跨境电商采购的作业流程

采购作业流程是指企业选择和购买生产所需的各种原材料、零部件等各种物品的全过程。采购作业流程主要包括三方面的内容：一是寻购，作为买方需要寻找相应的供应商，调查其产品的质量、数量、价格等方面的情况是否满足购买条件；二是订购，买方在选定供应商之后，要把详细的购买计划和需求信息以订单的形式传递给供应商并商议结算方式，以便供应商能够准确地进行生产和供货；三是采购，要对采购物料的管理工作进行定期跟踪和评价，寻求更高效的采购作业流程。跨境电商采购的具体流程如下：

1. 编制采购计划

采购计划是企业进行采购的基本依据。所以企业应该根据采购需求、资金状况、采购时机等制订合理的采购计划并严格执行。

2. 选择供应商

采购部门可以通过网络将采购计划信息传输给供应链中的供应商，并要求他们执行。而对于非供应链中的供应商，采购部门可以将提供所需物品的供应商编成一览表，从质量好、价格低、货物交付及时、服务周到的供应商中进行选择。

3. 商务谈判

在同选中的供应商进行谈判的过程中，要做到知己知彼，明确下列问题：希望得到什么？对方要求什么？能做出什么样的让步使谈判成功？

4. 签订采购合同

谈判成功之后就是签订采购合同，明确双方的权利、义务以及对违规方的处理办法。

5. 货物通关

我国跨境电商进口通关模式主要有以下三种：

（1）快件清关

确认订单后，境外供应商通过国际（地区间）快递将商品直接从境外邮寄至消费者手中。其优点是灵活，有业务时才发货，不需要提前备货。缺点是与其他、快件混在一起，物流通关效率较低，量大时成本会迅速上升。适合业务量较少、偶尔有零星订单的阶段。

（2）集货清关

商家将多个已售出商品统一打包，通过国际（地区间）物流运至国家（地区）内的保税仓库，电商企业为每件商品办理通关手续，经关境部门查验放行后，由电商企业委托国家（地区）内快递派送至消费者手中。每个订单附有关境单据。优点是灵活，不需要提前备货，相对于快件清关而言，物流通关效率较高，整体物流成本有所降低。缺点是须在境外完成打包操作，境外操作成本高，且从境外发货，物流时间稍长。适合业务量迅速增长、每周都有多笔订单的情况。

（3）备货清关

商家将境外商品批量备货至海关监管下的保税仓库，消费者下单后，电商企业根据订单为每件商品办理海关通关手续，在保税仓库完成贴面单和打包，经海关查验放行后，由电商企业委托境内快递派送至消费者手中。每个订单都附有关境部门单据。优点是提前批量备货至保税仓库，物流成本最低，有订单后，可立即从保税仓库发货，通关效率最高，可及时响应售后服务要求，用户体验最佳。缺点是使用保税仓库有仓储成本，备货会占用资金。适于业务规模较大、业务量稳定的阶段。可通过大批量订货或提前订货降低采购成本，可逐步从空运过渡到海运以降低物流成本，或采用质押监管融资解决备货引起的资金占用问题。

6.货物上架销售

货物上架后，访客在线选择商品并支付，接下来就进入境内的配送等环节。顾客收到货物之后进行验收，并在线上进行交易确认。在跨境电商采购中，电子支付安全是跨境电子商务的关键问题。

（二）跨境电商采购的管理流程

1.商品编码

商品编码有两类，一是商品代码，二是规格代码。商品编码具有不可更改性，必须由电商企业的最高管理层决定。

2.采购计划

采购计划一般以"采购计划表"的形式制订，内容包括供应商代码、商品代码、采购价格、物流信息、物流成本、结算方式、发货日期、到货日期、采购数量等。

3.物流跟踪

物流跟踪内容包括供应商何时发货、供应商何时将货物交给物流公司、货物在途情况、货物到达时间等。

4. 到货准备

根据物流跟踪结果，随时做好到货准备。主要包括货场准备、人员准备、设备准备、货架准备。

5. 到货清点

到货清点主要包括收包清点（核对物流清单、检查外包装是否破损）、数量清点（数量、款式、规格）、到货差异确认（填写到货差异表，与供应商共同确认）。

6. 到货检验

到货检验主要包括确定检验重点（校验标准）、拆包，根据标准进行检验、二次再包装、粘贴条码、检验报告、次品退回。

7. 到货上架

经过前期各流程准备，对商品与库位进行匹配，将商品上架到对应库位上。

（三）跨境电商采购流程优化

1. 商品编码一次到位

商品编码确定后，即使有错误，也不得随意更改。更改商品编码需要付出很大的成本代价。

2. 从供应商管理转变为供应链管理

把跨境电商企业和供应商看作一个虚拟企业同盟，把供应商看作这个虚拟企业同盟中的一个部门，实现利润共享、风险共担。

3. 采购计划精确合理

采购时间、采购数量、到货时间等，尽可能做到准确无误，真正做到为订单而采购，争取实现零库存。

4. 物流跟踪可视化

运用GPS技术、传感器技术和信息通信技术等，对采购货物进行全程、实时可视化跟踪，实现供应商、物流商与电商的无缝对接。

5. 收货处理自动化

运用条码技术、单片机技术、自动控制技术和传感技术等，对所到货物进行自动化清点、校验和上架，提高入库效率。

6. 采购管理信息化

在跨境电商采购过程中，开发采购管理信息系统，实现采购管理的信息化。

四、跨境电商采购追单

（一）跨境电商采购追单的内容

采购追单的内容主要包括追发货日期、追产品质量、追产品数量、追物流信息、追到货日期、追发票。

（二）跨境电商采购追单

1. 生产型追单

通过向生产厂商下达指令来完成追单。需要把握四个关键因素：一是商品的上下架日期，二是在途和在库商品数量，三是供应商的产能，四是追单时间和追单量的计算。

2. 档口拿货型追单

档口拿货型追单是指此款商品拥有一个成熟的现货供应商，可以直接在供应商处采购现货。档口拿货型追单的特点：第一，采购的时间可以忽略不计，供应商有现货的库存可以提供，采购过程中不计算商品的生产周期；第二，档口拿货型追单一般没有最小起订单的制约。档口拿货型的追单需要把握两个关键因素：一是供应商供货能力管理，二是商品的红线库存管理。

3. 定制开发型追单

定制开发型追单是对定制商品的追单。往往适合一些有定制化生产需求的行业。定制开发型追单需要把握两个关键因素：一是采购订单和销售订单具有很强的关联性，需要根据销售订单的详细内容生成相应的采购订单，相同商品的采购订单不可合并采购；二是前台的销售人员必须跟踪销售订单的操作过程。定制开发型追单的生产状态跟踪不仅仅由采购人员操作，前台销售人员也需要跟踪整个采购或生产的过程，以使顾客知悉采购进程。

五、我国跨境电商采购存在的问题

1. 供货渠道受限，难以保证货源数量及品质

目前，进口跨境电商货源多由个人买手或者是专业团队向境外零售商采购，再销售给境内销售者。除了少数大型电商与境外直接洽谈对接外，其他的跨境电商与境外品牌商家还未能实现货源上对接，较难取得境外品牌商或者大型零售商的授权。跨境电商市场窄且不固定，对境外货源掌控力弱，货源品质得不到保证，造成供货不及时，甚至可能成为假货销售的平台。

2. 物流瓶颈成为跨境电商切肤之痛

这一问题主要表现在两个方面：

第一，境内物流企业与国际（地区间）物流公司差距较大，难以有效满足电商和消费者的需求。境内物流企业在全球的覆盖范围、物流仓储设施、配送效率、物流信息处理、物流服务体系等方面尚处于低水平。依靠转运公司完成跨境物流容易造成供应链断裂，降低商品流转速度。

第二，境外建仓使电商告别传统快递模式，能远程掌控物流供应链，同时也使电商面临巨大挑战。境外仓库更多地关注提高库存周转、降低运营成本等问题，服务体系不完善，货物转仓信息登记不及时、货物丢失、客户信息泄露、仓库与客服信息衔接不畅等问题时有发生。

3. 电子支付面临制度困境和技术风险

跨境电商支付涉及国际贸易、外汇管理等环节，复杂程度较高。跨境电商第三方支付行业发展迅速，到目前为止，已有超过20家第三方支付公司获得跨境电商外汇支付业务试点资格，拥有跨境支付牌照，可通过银行为小额电子商务交易双方提供跨境互联网支付所涉及的外汇资金集中收付和相关结汇服务。但是第三方支付仍面临着不少现实困难。通关、退税等跨境业务复杂，在一定程度上制约了跨境支付的推进。境外买家支付的美元等不能直接兑换成人民币，企业资金回笼面临外汇兑换问题。目前缺乏统一的法律法

规制度对跨境支付加以规范，支付信用安全风险、跨境消费者和商户的身份认证技术性风险高，跨境交易资金流向监管难。

4.售后服务难题让消费者望而却步

对于境内消费者而言，境外购物的售后服务面临一系列的麻烦。由于涉及跨境通关和物流，换货后的商品很难顺畅地返回境内；物流等种种费用需要消费者承担，甚至出现退货费用严重超出货品价值的现象；同时，跨境购物的质量维权、货品丢失处理、技术售后服务等都要耗费巨大时间成本，这些会让消费者打消跨境消费的念头。

第二节 跨境电商商品检验检疫

检验检疫是国际贸易活动中的一个重要环节，对我国商品进出口起着重要的把关、服务与促进作用，对国内进出口企业、国内消费者起着保护、服务、扶持作用。经济越发展，检验检疫对外贸发展的辅助作用，对国内产业的保护作用，对国内消费者的生活安全保障作用就越大，是我国经济贸易和经济发展的安全保障。本节将着重介绍商品检验检疫的相关内容。

一、进出口商品检验检疫

进出口检验检疫是指检验检疫部门和检验检疫机构依照法律、行政法规和国际惯例，对出入境货物、交通运输工具、人员等进行检验检疫、认证及签发官方检验检疫证明等监督管理工作。

（一）进出口商品检验检疫发展

我国出入境检验检疫迄今已有100多年历史。我国出入境检验检疫的发展历程是漫长和曲折的，在1949年以后，我国出入境检验检疫事业得到迅速发展。

（二）进出口商品检验检疫一般程序

进出口商品检验检疫工作程序是指出入境货物、运输工具、集装箱、人员及其携带物，从报检、抽样及制样、检验检疫、卫生除害处理、计/收费到签证与放行的全过程。

1. 报检

报检是指出口前商品的生产、经营部门或进口商品的收货、用货或代理核运部门按照相关规定，向商检机构申请办理检验、鉴定手续。报检人办理手续时要填制报检申请单，并提交买卖合同、信用证、往来函电等有关资料。

2. 抽样及制样

凡需检验检疫并出具结果的出入境货物，均需检验检疫人员到现场按有关规定抽取样品。对所抽取样品进行加工以检验的过程称为制样（样品制备）。样品及制备的小样经检验检疫后重新封识，超过样品保存期后销毁；需留中间样品的按规定定期保存。

3. 检验检疫

检验检疫是对出入境应检对象，通过感官的、物理的、化学的、微生物的方法进行检验检疫，以判定所检对象的各项指标是否符合合同及买方所在国家（地区）的有关规定。

4. 卫生除害处理

按照我国有关法律规定，检验检疫机构卫生除害处理包括出入境的货物、动植物、运输工具、交通工具的卫生除害处理等。

5. 计/收费

目前检验检疫机构执行的计/收费办法及计/收费标准的依据是国家发改委、财政部联合发布的相关办法。

检验检疫机构严格执行相关办法的规定，不得擅自变更收费项目、提高或降低收费标准。

6. 签证与放行

（1）检验检疫的签证与放行

第一，出境货物。凡法律、行政法规、规章或国际公约规定须经检验检疫机构检验检疫的出境货物，经检验检疫合格的，签发"出境货物通关单"，作为海关核放货物的依据；同时，境外要求签发有关检验检疫证书的，检验检疫机构根据对外贸易关系人的申请，经检验检疫合格的，签发相应的检验检疫证书；经检验检疫不合格的，签发"出境货物不合格通知单"。

第二，入境货物。凡法律、行政法规、规章或国际公约规定须经检验检疫机构检验检疫的入境货物，检验检疫机构接受报检后，先签发"入境货物通关单"，海关据以验放货物。经检验检疫合格的入境货物签发《入境货物检验检疫证明》放行，经检验检疫不合格的货物签发《检验检疫处理通知书》，需要索赔的签发检验检疫证书，供有关方面对外索赔。

（2）出入境鉴定业务的检验检疫签证

第一，出境货物。检验检疫机构凭对外贸易关系人的委托，按照合同、信用证的要求，对外签发各种相应的检验检疫证书。对检验检疫鉴定不合格的出境货物，对内签发不合格通知单。

第二，入境货物。检验检疫机构根据有关合同和报检人的申请，对货物品质、卫生、重量等项目进行检验检疫鉴定，对外签发相应的检验检疫证书。凭检验检疫机构的检验检疫结果进行结算的入境货物，检验检疫机构签发检验检疫证书。其他鉴定业务按照相关规定办理。

（3）委托检验检疫的签证

委托检验检疫机构检验检疫，由被委托检验检疫机构签发检验检疫结果单的签证。

（4）签证的领取

报检人领取证书时应如实签署姓名和领证时间，证书应妥善保管。各类证书应在其特定的范围内使用，不得混用。

二、跨境电商商品检验检疫

随着互联网及信息化的高速发展，传统的商务活动正以一种前所未有的速度电子化。网络的全球性和非中心化，使电子商务的跨境行为丧失了传统交易所具有的地理因素，跨境电子商务应运而生。可以肯定，跨境电子商务已成为当今世界的一种基本经济形态和贸易自由化重要途径。作为跨境贸易活动监督管理的主要官方部门之一，检验检疫部门顺势而为，做了大量基础性的研究及探索工作，部分试点城市的检验检疫部门还出台了系统扶持措施。但地方政府和外贸行业对检验检疫扶持力度有更高期待，特别是在 B2C 和保税 B2B2C 进口食品、保健品、化妆品等高风险产品方面。检验检疫面临着巨大的社会压力。

检验检疫的主要职能是防止人类传染病、动植物病虫害跨境传播，防止不安全、不合格产品进出口。检验检疫环节必须在销售和使用之前完成，该时间特性也决定了其无法为便利消费者做出相应让步。

相对于常规的检验检疫工作流程，跨境电子商务检验检疫在发展过程中遇到了一些瓶颈。一是在报检受理过程，难以提供各类审批证件，如化妆品批文、保健食品批文等；二是在报检环节，境内外标准不一致，如婴儿奶粉中蛋白质含量、乳糖含量等；三是在检测环节，检测周期较长，难以满足跨境电子商务"快进快出"的需求。

跨境电子商务检验检疫最重要的工作内容之一即跨境电子商务检验检疫监督作业指导书，其目的是支持跨境电子商务健康持续发展，规范跨境电子商务检验检疫监管工作，建立跨境电子商务检验检疫监管机制。它的总体要求是对电商和电商平台进行监管；对电商、电商平台、销售的商品实施备案管理；电商和电商平台对销售的商品实施质量安全责任、产品通报、召回承诺管理；限制类商品电商和电商平台须提示消费者相关商品可能未按照我国标准生产，购买相关商品仅限于个人自用，不能用于市场销售。

跨境电子商务检验检疫监管流程包括信用管理、流程管理、风险监控。

1. 信用管理

信用管理是指对跨境电商备案企业实行 A、B、C、D 四类诚信等级管理，根据企业诚信等级的不同，可实施不同的检验检疫政策和监管措施；对备案产品实行风险分类管理，根据产品风险类别的不同，确定不同的检验检疫监管规则。

2. 流程管理

流程管理包括直邮进口模式、备货进口模式、集货进口模式三种。

（1）直邮进口模式

直邮进口模式是指对个人自用的入境电子商务商品，按照快件和邮寄物相关检验检疫监管方法的要求管理。电商平台或电商向检验检疫监管平台提供交易物流信息。检验检疫机构在检验检疫监管平台中对直邮商品进行查验。检验检疫机构在检验检疫监管平台中登记查验结果，并进行放行管理。

（2）备货进口模式

备货进口模式是指收货人及其代理人应在商品上架前完成商品报检。允许"先入区、后检疫"，保证了入区检疫要求，同时适应了海关"先理货、后报关"的监管模式，方便企业一次申报。备货进口包括以下几个主要环节：

①入区申报。跨境电商相关企业向检验检疫监管平台申报，提交合同、发票、箱单、进货凭证、相关证书（如原产地证、卫生证书）、质量安全承诺书、第三方检测报告等申报资料，生成核准单。相关企业凭检验检疫机构出具的放行证提货入区。

②入区检疫。检验检疫机构在监管场地实施检疫查验。

③集货预检验。检验检疫机构根据电商相关企业提供的申报资料，在产品风险评估的基础上，进行验证、采集或由第三方检测鉴定机构实施合格评定、抽批检验等检验监管工作。

（3）集货进口模式

跨境电子商务集货进口模式和备货进口模式在检验检疫业务流程方面基本相同。不同之处是集货进口模式没有区内监管，先由消费者在电商网站上下订单，再由相关企业到境外购货。而备货进口模式中，相关企业在境外购货后，备货于保税区中并进行区内监管，之后消费者再下单。

3. 风险监控

跨境电子商务检验检疫监督的风险监控是指建立质量安全风险检测机制。跨境电商平台企业应向检验检疫机构提供跨境电子商务商品交易的顾客评价综合信息、质量差评、投诉或退货信息。根据跨境电子商务商品的顾客评价、投诉和退货信息等，对跨境电子商品进行风险监控、抽样检测和评估，定期发布监督抽查结果，对有关企业相关商品实施通报、预警、调整抽检率等处置措施。

风险监控的具体措施包括以下几种：

①建立质量安全追溯机制，对多发性质量安全问题和严重安全事故进行调查。

②根据风险监测和调查结果，采取停止销售、退运或销毁，以及强制召回等措施，确保质量安全。

③打击跨境电子商务中的假冒伪劣产品，对经营假冒伪劣商品的企业，实施"黑名单"制度，加大打击力度，做好行政处罚和司法衔接工作。

④检验检疫溯源管理平台建设：通过防伪溯源标识、二维码、条形码等手段，探索建立以组织机构和商品条码为基础的跨境电子商务商品质量追溯体系，实现"源头可溯、去向可查、产品可召回"。

第三节　跨境电商供应链管理

一、电子商务供应链管理

（一）电子商务与供应链管理的关系

电子商务的出现和发展是经济全球化与网络技术创新的结果。它彻底改变了原有的物流、信息流、资金流的交互方式和实现手段，能够充分利用资源、提高效率、降低成本和提高服务质量。

1.电子商务使供应链管理思想得以实现

电子商务是以管理人员为中心的人机交互式的管理信息系统。它是将先进的管理思想，运用到企业内外各个层面，实施企业流程再造，应用信息技术术，借助计算机实现供应链管理的全过程。通过电子商务，能有效连接供应商、制造商、分销商和用户。

2.电子商务促进了供应链的发展

电子商务的应用在促进供应链发展的同时，也弥补了传统供应链的不足。从基础设施的角度看，传统的供应链管理一般建立在私有的专用网络上，且须投入大量的资金，只有一些大型的企业才有能力进行自己的供应链建设，并且这种供应链缺乏柔性。而电子商务使供应链可以共享全球化网络，使中小企业以较低的成本进入全球化供应链中。

3.供应链管理是电子商务中不可或缺的重要一环

供应链管理不仅是电子商务的一个重要组成部分，还是企业提高业务经营管理能力的重要手段。利用电子商务的优势，企业可以及时搜集信息并在此基础上进行统计分析，生成有价值的数据，以应用到企业内部日常经营和外部上下游供应链企业垂直一体化的优化管理中。供应链管理提供了制造商与其他企业体系间的供需联系渠道，通过电子商务了解顾客的需要，以适时、适地、适量及优惠的价格提供客户所需的产品或服务，为客户、供应商及企业三方创造价值。

4.供应商管理是实现电子商务的前提

企业建立电子商务是通过现代化的管理手段，用新的管理模式代替旧的管理模式的一场变革，实现电子商务必须以供应链管理理论为前提，在供应链管理思想指导下，实现电子商务。借助于计算机，通过网络实现企业供应链管理，提高企业竞争力，是管理的变革，是实现电子商务的基础。没有这样的基础，电子商务只不过是空中楼阁。供应链管理思想，使在传统商务形势下被忽视的（如对应服务活动、按单生产、基于模块化的大规模定制以及物流服务等）高附加值活动，在电子商务中得到了全面实现和受到了高度关注。

（二）电子商务供应链管理的含义

电子商务供应链是指利用网络及电子信息技术在企业及其供应商、客户等贸易伙伴之间进行商务活动，以降低成本、提升服务质量、实现产品或服务增值的新渠道。电子商务供应链管理包括从原材料供应、生产制造、产品分销、运输配送、仓储库存到产品销售的全过程，涉及众多独立的公司和客户，比如制造商、供应商、运输商和零售商等。电子商务供应链使企业间的交易发生了革命性的变化，大大降低了交易成本，提高了反应速度，节约了交易时间。

（三）电子商务的供应链管理原理

供应链管理的内容包括生产计划与控制、库存控制、采购、销售、物流管理、需求预测、客户管理及伙伴管理等，其实质是信息流、物流和资金流的管理，因此可以从这"三流"的运动来说明供应链管理的基本原理。

1. 信息流

用户在分销网站的交易系统中在线下单，分销商实时完成订单处理，并立刻向产品制造商在线下单采购，产品制造商实时完成分销商的采购订单并向上级供应商采购零部件或原材料。由于是在线下单，分销商、产品制造商与供应商几乎同时得到了需求信息。

2. 物流

与传统物流供应链管理一样，电子商务的物流方向是从供应商到产品制造商，再到分销商，最终到达用户。不同的是信息流指挥物流。基于Intemet/Intranet/Extranet(互联网/内联网/外联网)的电子商务的高度信息共享和即时沟通力，物料或产品能在指定时间到达指定地点，从而减少甚至消除各节点企业的库存。

3. 资金流

与传统供应链管理一样，电子商务的资金流方向是从用户到分销商，再到产品制造商，然后到达供应商。不同的是电子商务的支付方式以在线支付为主，大大提高了订单的执行速度和交货速度。

（四）电子商务供应链管理的主要内容

1. 订单处理

通过电子商务系统进行订单状况管理。当收到客户订单时，核心企业要及时分析所需产品的性能要求，判断是否能够达到订单中的技术指标，在能够达到要求的条件下进一步分析订单中的产品成本、数量和利润。如果能够从该订单中获利，便可以与客户签订订货合同。之后查询现有库存，若库存中有客户需要的产品，便立即发货；否则及时组织生产。可缩短订单的循环周期，大大提高营运效率。

2. 生产组织

一般来说，生产组织是供应链中最难的环节，但利用电子商务可以通过改善供应商、核心企业和客户间的沟通有效地降低组织生产的难度。核心企业利用电子商务系统，与供应商协调供应程序，与多个供应商协调制订生产计划。此外，由于订单处理中可以提供核心企业相关产品、销售和服务的实时信息，在一定程度上会使销售预测更精准，从而大大改善生产组织管理。

3. 采购管理

通过电子商务系统，可以有效地实现与供应商的信息共享和信息的快速传递。一方面，通过互联网提供给供应商有关需求信息和商品退回情况，获得供应商报价、商品目录，从而形成稳定、高效的采购、供应体系；另一方面，通过网上采购招标等手段，集成采购招标和互联网优势，扩大采购资源选择范围，使采购工作合理化，大大减少采购人员，有效降低成本。

4. 配送与运输管理

通过电子商务系统，对配送中心的发货进行监视，对货物运至仓储的过程进行跟踪，同时实现对配货、补货、拣货和流通加工等作业的管理，使配送的整个作业过程实现一体化的物流管理。此外，通过对运输资源、运输方式、运输线路的管理和优化，对运输任务进行有效的组织调度，可以降低运输成本，实现对运输和货物的有效跟踪管理，确保指定货物能够在指定时间运送到指定地点。特别是在大数据时代背景下，可依托云技术构建电子商务云配送网络，电子商务供应链节点企业的配送与运输协作变得更加紧密。

5. 库存管理

通过电子商务系统，核心企业通知供应商有关订单交送延迟或库存告急，使库存管理者和供应商追踪商品存量情况，获得即时信息以便早做准备，实现对仓储有效的管理。同时电子商务库存管理能够及时反映销存动态，并实现跨区域、多库存管理，提高仓储资源的利用效率，进而降低库存水平，减少总的库存维持成本。随着电子商务的不断发展，云仓储成为电子商务供应链库存管理的新方法。云仓储是一种全新的仓库体系模式，它主要依托科技信息平台，做出迅速且经济的选择，是理想的仓储服务。在这一模式下，快件可直接由仓储到同城快递物流公司的公共分拨点，实现就近配送，极大地减少配送时间，提升用户体验，给那些对物流水平需求极高的企业带来了新的机遇。云仓储实施的关键在于预测消费者的需求分布特征。只有把握了需求分布，才能确定最佳仓储规模，并进行合理的库存决策，从而有效降低物流成本，获得良好收益。

6. 电子商务支付管理

电子商务支付系统是指消费者、商家和金融机构之间使用安全电子手段交换商品或服务，即把新型支付手段（包括电子现金、信用卡、借记卡、智能卡等）的支付信息通过网络安全传送给银行或相应的处理机构来实现电子支付，是集购物、支付工具、安全技术、认证体系、信用体系以及现代金融体系为一体的综合大系统。可通过电子商务系统与银行连接，用电子商务方式代替原来的支票支付模式，用信用卡支付代替原来的现金支付方式，既可以大大减少结算费用，又可以加速货款回笼，提高资金使用率。

7. 电子商务供应链金融

供应链金融（supply chain finance，SCF）是指银行围绕核心企业，管理上下游中小企业的资金流和物流，并把单个企业的不可控风险转变为供应链企业整体的可控风险，通过供应链信息技术获取各类信息，将风险控制在最低的金融服务。供应链金融很好地实现了物流、商流、资金流、信息流等多流合一。供应链融资和一般的贷款融资有很多不同之处，需要通过物流中的货权动态管理等实现，电子商务供应链融资模式包括订单融资模式、应收/应付账款融资模式、仓单质押融资模式以及委托贷款融资模式。目前我国的电子商务企业多是一些中小型企业，订单特点主要表现为多品种、小批量及多批次等。电商通过质押订单来获得融资，具体而言，交易平台服务的优势是为企业整合大订单提供便利，订单完成后，卖方再向银行申请融资授信、银行抵押、贷款等，银行核实交易信息并做出回购承诺，开设专门的账户便于贷款的发放和回收，电商在获得贷款后生产产品。电子商务的性质决定了在交易平台上，电商企业收到货款往往需要一段时间，为了缩短账期，企业可以选取应收或应付账款融资模式来获取资金，提高资金的周转率。仓单质押融资模式是指电商把自身的货物存放在第三方物流仓库中，向银行申请抵押贷款。委托贷款融资模式是指将本身所具有的资金，委托银行找合适卖家提供贷款的模式，这种融资模式风险最小，降低了借款人的生产成本，非常有利于电子商务的供应链的良性发展。

（五）电子商务供应链集成模式创新

随着经营模式的转变，供应链已经从线下发展到线上，电商供应链以企业及内部ERP管理系统为基础，在统一了人、财、物、产、供、销各个环节的管理并规范了企业的基础信息及业务流程的基础上，建立了经销商电子商务协同平台，并实现了外部电子商务与企业内部ERP系统的无缝集成，实现了商务过程的全程贯通。在电子商务环境下，越来越多的企业认可供应链的价值。在实践中，新品上市速度、为客户提供高效的服务体验、应变力、可扩展性和为客户提供低价的服务，被认为是电子商务公司物流环节最重要的五项价值。可以说，电子商务供应链既是瓶颈，又是竞争力。从结构上看，整个电子商务产业链是品牌供应商和制造商、零售商与其他渠道中介以及消费者之间，通过传统渠道或互联网所联通起来的复杂的互动组织关系。前端是消费者接入的多媒体渠道，后端是向所有供应商对接与开放的大平台，中间是采购、财务、商品管理等诸多商业运营功能模块，底层则是物流、资金流、信息流。因而企业也在顺应时代变化，根据自身情况对电子商务供应链模式进行创新。

1. 大型 B2C 企业自建电子商务供应链系统集成模式

大型 B2C 企业自建电子商务供应链系统集成模式是指企业依托自身资源建立以自身业务为核心的集供应、采购、生产、销售为一体的模式。境内目前除个别在规模上较为突出的企业外，物流企业规模普遍都不大，物流服务的技术和标准都不是很完善，这是促使企业自建供应链体系的原因之一。该种模式以京东、亚马逊、凡客等大型 B2C 电子商务企业为代表。通常，自建供应链体系的企业，在相对成熟后将陆续社会化，未来将成为电商核心的社会化供应链服务平台。但这种电子商务供应链集成模式，运营成本相对较高、资金回收较慢，存在一定的运营风险。

2. 传统零售与电子商务企业集合的供应链集成模式

传统零售与电子商务企业集合的供应链集成模式是指传统零售供应商自建电子商务供应链体系，打造线上、线下双向服务功能，实现 O2O 布局。该模式下供应链的集成拥有依托零售企业的线下零售网点＋自建的物流体系＋服务网络＋线上平台的综合优势，促使供应链实现线上服务的创新、线下服务的变革。但该模式由于涉及广度较大，包括线上线下双向服务，供应链上核心企业的运作遇到一定的挑战，同时，该类模式以服务自身为主，社会化难度较大。该模式以国美、苏宁为代表。

3. 垂直产业电子商务供应链集成模式

目前传统商贸平台陆续向电子商务模式渗透，其中以产业为依托的垂直产业（如钢铁、化工、农产品等）电子商务交易平台正在逐步兴起。且伴随着垂直产业的转型，垂直产业电子商务供应链集成模式也始见成效。该模式将集中整合产业资源，依托电子商务服务交易，涵盖物流、金融、信息等综合服务。虽然现阶段我国产业成熟度不够，此类电子商务供应链平台相对松散，但存在巨大商机。

4. 大平台型电子商务供应链集成模式

大平台型电子商务供应链集成模式是指以电子商务交易平台为核心企业对供应链进行集成。该模式下目前存在两种集成模式：第一类，服务端口轻型电子商务集成模式。该模式是核心电子平台向其他供应链节点企业开发平台服务端口，完成供应链上游企业与下游客户的有效衔接。该模式以腾讯供应链为代表，供应链对象多为服务类产品。第二类，零售消费平台集成电子商务供应链模式。如某企业电子商务供应链集成模式，是依托该企业大物流体系进行深度整合，服务于该企业电商平台的综合供应链体系，由企业电商平台组织仓储、配送的服务体系，对商家供应链预测、需求分析、采购策略、库存控制等进行引导。该模式具有先天的整合和控制优势，但运营体系相对复杂，掌控力度弱，对社会物流的整合具备一定价值。

二、跨境电商供应链设计

（一）跨境电商供应链设计原则

根据供应链在跨境电商环境下的特点，有必要对传统的供应链进行重新设计和改造，构建供应链的新模式。在重新设计供应链的过程中，提出以下几个方法和原则。

1. 建立基于供应链的动态联盟

在需求的不确定性大大增加的环境下，供应链必须有足够的柔性，随时支持用新的平台和新的方式来获取原材料、生产产品、服务顾客并完成最后的配送工作。而建立动态联盟可以极大地提高供应链的柔性。供应链从面向职能到面向过程的转变，使企业抛弃了传统的管理思想，把企业内部以及节点企业之间的各种业务看作一个整体过程，形成集成化供应链管理体系。通过对集成化供应链的有效管理，整条供应链将达到全局动态最优目标。供应链集成的最高层次是企业间的战略协作，当企业以动态联盟的形式加入供应链时，即展开了合作的过程，企业之间通过一种协商机制，谋求双赢或多赢的局面。

2. 构建统一的信息平台

跨境电子商务环境下，顾客需求的不确定性增大，也增加了供应链构建的风险。构建统一的信息平台，增加各供应链节点之间的交流，将有效地防止信息延迟，减少供应链的"波动放大性"，增加供应链的响应速度，降低供应链构建的风险。

3. 统一管理"虚拟贸易社区"

尽管通过信息技术可以实现供应链信息的共享，但供应链伙伴仍然有一些敏感信息不愿意与别人共享，信息不对称的问题依然存在。建立集成化的管理信息系统，统一管理"虚拟贸易社区"，加强企业间的协调，保证供应链伙伴信息的安全性，才能有效地实现供应链中关键信息的充分共享，从而提高整个供应链的管理效率，实现供应链效率的最大化。

4. 密切关注顾客的需求和重视顾客服务

供应链从产品管理转向顾客管理，以及客户需求拉动的特点，使企业更加密切地关注顾客的需求，并通过数据仓库和数据挖掘等技术，增加对顾客需求的理解。在理解顾客需求的基础上，通过大规模定制等技术，为顾客提供一对一的个性化服务。

5. 改造企业内部业务流程

在传统企业"筒仓式"组织结构中，信息的传递效率极其低下，导致企业内部业务效率难以提高。应对企业内部的组织结构进行改造，打破原来的职能化组织结构形式，尽量实现组织结构的扁平化，减少信息流的传递环节；重新设计企业的业务流程，减少整个流程的环节，从而提高组织的业务效率。

供应链设计是一项复杂而艰巨的工作，也是供应链管理的重要环节，它涉及供应链组织机制、供应链成员的选择、供应链成员之间的相互关系、物流网络、管理流程的设计与规划，以及信息支持系统等多方面的内容。供应链设计必须遵循一定的原则，运用科学合理的方法。

（二）跨境电商供应链设计的基本要求

1. 客户优先

客户是供应链中唯一真正的资金流入点，任何供应链都只有唯一的一个收入来源——客户。因此，供应链的设计要考虑客户优先的原则。客户服务由客户开始，也由客户终止，客户最能感受到供应链中复杂的相互影响的全部效应。供应链的设计必须具有高度柔性和快速响应能力,才能满足客户的现实需求和潜在需求。

2. 定位明确

供应链由原材料供应商、制造商、分销商、零售商、物流与配送商以及消费者组成。一条富有竞争力的供应链要求组成供应链的各成员都具有较强的竞争力,不管成员为整个供应链做了什么,都应该是专业化的——专业化就是优势。无论企业在供应链中处于主导地位,还是从属地位,都必须明确自己在供应链中的定位优势。根据自己的优势来确定自己的位置,并据此制定相关的发展战略,对自己的业务活动进行适当的调整和取舍,着重培养自己的业务优势,保证以自己的优势业务参与供应链。只有这样,企业才有可能在供应链中被认可,并与其他企业合作,最终实现共赢。

3. 防范风险

由于受到自然和非自然因素的影响,供应链的运作实际上存在着不确定性,从而使企业面临着一定的风险。例如,由于不确定因素的影响,市场需求总是变化的,具有不稳定性,所以,每个节点企业都必须保持一定的库存。为了达到为客户服务的目标,必须保持足够的库存(也就是安全库存),这样即使上游过程出现问题,也不至于影响客户。在供应链的设计中,应该对各种风险因素进行度量和说明,了解各种不确定性因素对系统产生的影响,并制定相应的防范措施。

4. 量力而行

供应链的建立与运行是一个十分复杂的工程,它要求企业必须具备较强的经济实力、较高的决策水平和熟练的供应链运作技巧。因此,企业应根据自己的实际情况,对于建立什么样的供应链、自己在其中的地位和作用、供应链未来运作的预期状况等问题,做出理性的判断并量力而行,使未来的供应链运作能够在自己的掌控之中。只有这样,企业才有可能达到供应链设计和实施的目的。

（三）供应链设计的基本内容

1. 供应链合作伙伴选择

每一个供应链都包括从采购、供应、生产到仓储、运输、销售等多个环节的多家供应商、制造商和零售商以及专门从事物流服务的多家企业，供应链成员囊括了为满足客户需求、从原产地到消费地、直接或间接相互作用的所有公司和组织。因此，供应链成员的选择是供应链设计的基础。供应链成员的选择是双向的。一般而言，参与供应链的成员在市场交易的基础上，为了共同的利益而结成相对稳定的交易伙伴关系。但供应链的主体企业，尤其是核心企业，主导整个供应链的存在和管理，因而在对供应链其他成员的选择上具有一定的主动性；其他非主体企业，规模和经济实力相对较小，在供应链上处于从属地位，往往无法主宰自己能否成为供应链成员。从这个意义上说，供应链成员及其合作伙伴的选择又是单向的。

2. 网络结构设计

整个网络结构由供应链成员、成员间的联系和供应链工序连接方式三方面组成，网络本身体现着供应链成员及其分布和成员间的相互关系。供应链网络结构设计的中心是保证网络能合理利用和分配资源，提升物流效率，从而达到提高供应链整体价值的目的。

3. 组织机制和管理程序

供应链的组织机制和管理程序是保证供应链有效运营的关键。由于供应链涉及多家企业的多个业务环节，而这些企业都是独立的市场经济主体，在管理上自成体系，要实现供应链的无缝衔接，各个独立的企业必须在相关环节达成一致。供应链的组织机制和管理程序实际上是各成员企业相关业务组织机制和管理程序的集合。各成员企业必须从供应链整体出发，设计相关的组织机制和管理程序。尤其是核心企业，其组织机制和管理程序是整个供应链效率的关键。

4. 供应链运行基本规则

供应链上的节点企业之间的合作是以信任为基础的。信任关系的建立和维系，除了需要各个节点企业的真诚和行为之外，还必须有供应链运行的基本规则。其主要内容包括协调机制、信息开放和交互方式、生产物流的计划与控制体系、库存的总体布局、资金结算方式、争议解决机制等。计算机系统、相应的软件和信息系统是供应链运营规则实施必要的物质基础。

（四）供应链设计的评价指标

一个供应链是否合理并有效运营，可以从以下几个方面考察：

1. 灵敏度

灵敏度是企业通过供应链运营了解市场变化的敏锐程度，是供应链系统灵巧运用和重组内外资源的速度。面对越来越短的产品生命周期和日益苛刻而无法预期的需求，企业必须具备敏锐地感知市场变化的能力和变革能力。

2. 应变能力

仅仅提前察觉客户的需求，对未来想要成功的企业来说是不够的，它必须比竞争对手更快做出反应。企业应该具备对现实和潜在客户提前采取行动的能力，市场一旦有蛛丝马迹出现，就能立即洞察客户的需求变化，并试图满足他们的需要。优秀的供应链不仅能够适应可预测的环境，也能够适应难以预测的环境。

3. 精简化

精简化指的是在能够实现供应链整体目标的前提下，供应链的设计宜简不宜繁。精简的供应链可以降低供应链运作成本，提高供应链运作效率。

4. 协调性

供应链是多个企业的集成网链，每个企业又是独立的利益个体，所以它比企业内部各部门之间的协调更加复杂、更加困难。供应链的协调包括利益协调和管理协调。利益协调必须在供应链组织结构构建时将链中各企业之间的利益分配得更加明确；管理协调则是按供应链组织结构要求，借助信息技术的支持，协调物流和信息流的有效流动，以降低整个供应链的运行成本，提高供应链对市场的响应速度。

5. 智能化

面对企业和供应链中的事件，能够迅速及时地把握并正确决策，有效地集成各种资源予以解决，是供应链智能化的表现。

总之，一个全新的、反应能力强的、灵敏的、精简的、协调的和智能型的供应链应该是供应链设计所追求的目标。

（五）跨境电商供应链优化

1. 成立跨境电商平台联盟，统一向境外品牌商议价

境内中小跨境电商议价能力弱，不能直接与境外供货商签约的主要原因还是需求分散和需求规模不够。目前跨境进口电商多数由个人或专业团队向境外零售商代购，再向境内消费者销售，并没有打通供应链。如果若干家跨境电商平台联盟，共同议价，取得境外一些著名品牌的授权，取得货源上的对接，就可以极大地降低供应环节的成本和费用。

2. 突破传统思维，与境外卖方进行思维互换

目前跨境进口平台上自营模式的电商，90%是通过中间商采购的，中小跨境电商议价能力弱，难以与境外品牌商直接签署供货合同。大型跨境进口平台采购量大、议价能力强，却也很难与品牌商签约，原因很多，比如文化差异、账期问题等，境内电商普遍存在拖欠供应商货款的现象，但是境外企业却坚决要求不能欠账。因此，跨境进口电商要想与境外品牌商取得货源上的协调对接，需要适应不同的商业经营风格、不同的文化、不同价值体系下的思维方式，这确实还有很长的一段路要走。

3. 同跨境物流供应链服务商合作

跨境电商的物流模式主要有五种：邮政包裹、国际（地区间）快递、境内快递、专线物流、境外仓或保税仓模式。邮政网络全，但时效性差。国际（地区间）快递就快多了，但费用也较为高昂。专线物流通过规模效应降低成本，目前普遍的物流产品有美国专线、欧洲专线、澳大利亚专线等。跨境进口电商根据产品特点选择合适的物流服务商，有时甚至要采用复合物流供应模式来满足消费者的需求，如电商平台的境外直邮商品采用分段承运和快递联运

等方式，综合各物流服务渠道降低跨境物流成本，同时也方便实施物流监控，货源可溯。

4. 做好大数据分析，实行精准营销

与大数据平台合作，及时掌握消费者的个人信息和交易信息，掌握目标人群的需求和关注点，掌握消费者的消费心理和消费习惯，开展有针对性的精准营销。就像某平台的每日推荐和私人定制，围绕消费者建立自己的生态圈，布局线下服务和自由店铺或品牌。另如，某平台产品组合定位扩大为母婴用品，开展线下体验店，消费场景得以拓展，借助百度大数据的分析开展精准营销。

5. 境外仓和保税仓物流模式组合

税收新政策实施后，两批跨境进口商品清单可以满足境内大部分消费者的需求，部分跨境电商零售进口商品纳入政策实施范围内，走保税仓进口的大部分货物税率会提高是不争的事实。设立境外仓处理业务将是比较好的选择。比如说境外仓集货后，若不在正面清单内，以个人行邮方式进境，同时征收行邮税；若属于清单内但未能提供通关单的商品，以直邮进口方式进境，同时按跨境进口方式征税；若属于正面清单内商品，可以以批量方式进保税仓（进区同时需提供通关单），后以保税进口方式入境，同时按跨境进口方式征税，软件系统也要相应地与海关系统对接。

第三章 仓储与配送管理

第一节 跨境电商仓储管理与配送概述

随着网络技术和电子技术的发展,跨境电子商务已然成为时代发展的潮流。其中,仓储管理和配送作为跨境电商的重要内容,得到了跨境电商企业的重视。本节将从这两方面进行详细介绍。

一、跨境电商仓储管理概述

(一)跨境电商仓储的内涵

仓也称为仓库,是存放物品的建筑物和场地,如房屋建筑、大型容器、洞穴或特定的场地等,具有存放和保护物品的功能。储表示收存以备使用,具有收存、保管、储藏和交付使用的含义。综合仓和储的含义、使用的物品的行为,仓储指的是物品在使用之前的保管的中间环节。仓储是物流系统的一部分,包括储存物品(原材料、零部件、在制品、条件和处理情况等方面)的信息。

跨境电商仓储是指利用信息管理技术实现跨境电商业务所需商品的仓储功能,主要包括商品的储存、选拣、再包装、分拨等环节,还包括商品送达消费者之前的相应环节。

(二)仓储管理

仓储管理是指将物品存入仓库并对存放于仓库里的物品进行保管、控制等管理活动,也就是对物品的入库、保管和出库等业务活动所进行的计划、组织、指挥、监督和调节工作。通过仓储管理，按照一定的程序在空间和时间上对仓储各项业务活动进行安排和组织，使整个仓储过程有条不紊地连续进行。仓储管理的目的是实现仓储合理化，即用最经济的方法实现仓储功能，其实质是在保证仓储功能实现的前提下，系统做最少的投入。

仓储管理运用现代化的管理技术与方法服务于整个仓储活动，其具体管理内容可分为经济属性和技术属性两个层面。仓储活动通常发生在仓库等特定的场所，仓储的对象既可以是生产资料，也可以是生活资料，但必须是实物。静态的物品储存，通常指仓储；与仓储相关的动态的物品存取、保管、控制等过程，通常指仓储管理。

具体而言，仓储管理包括以下几个方面的内容：

①仓库的选址与建筑作业。包括现代仓库的选址原则、仓库建筑面积的确定、库内运输道路与作业的布置等。

②仓库设施和设备的选择与配置。根据各类仓库作业的特点和储存物的物流化特性，选择适当的仓库设施和设备，并进行相关管理。

③采购管理。根据需求和库存物品的数量，运用合理的方法确定需要采购进库的物品的种类和数量等。

④库存控制。根据企业和市场需求状况，采用合理的采购方式，储存适当数量的物品。

⑤仓库的业务管理。组织管理物品入库验收、库位布局、在库保管、出库检查等。

从决策的角度来分析，仓储管理通常进行以下决策：

①仓库的产权决策。采用自营仓储还是公共仓储。

②集中仓储或分散仓储决策。这一决策实质上是决定公司需要多少家仓库来运作。

③仓库的大小及选址决策。这是与仓库数量和集中仓储或分散仓储决策密切相关的另外两个仓储决策。

④仓库布局决策。即决定仓库内部过道、货架、设备及其他所有占据空

间的实施布局。

⑤存货种类和数量决策。在不同的仓库中储存货物的种类与数量。

（三）仓储的功能

自人类社会生产有了剩余之后，就产生了仓储活动。随着技术的进步和社会生产力的提高，社会化大生产方式逐步出现、产品空前丰富、人民生活水平逐步提高。社会生产和人民生活对仓储的需求无论从数量上还是从质量上，均有了较大提高，仓储的功能也有了较大扩展，具体有以下五种：

1. 储存和保管

储存和保管是仓储最基本的功能。由于储存和保管的需要，仓储得以产生和进一步发展。库容量是仓储的基本参数之一。保管过程中应保证物品不丢失、不损坏、不变质，并且需要有完善的保管制度、合理的装卸搬运设备和正确的操作方法，确保物品在装卸搬运过程中不被损坏。

2. 调节供需、创造时间价值

从生产资料的角度来分析，生产和消费的连续性规律因产品不同而有较大的差别，生产节奏和消费节奏也不可能完全一致。从生活资料的角度来分析，居民消费水平的提高使其对生活用品需求的季节性规律逐步减弱，这样许多食品生产的季节性问题就必须通过仓储来解决。

仓储在物流系统中起着缓冲、调节和平衡的作用，与运输共同构成物流的中心环节。与运输相对应，仓储是以改变物品的时间状态为目的的活动，通过克服产、需之间的时间差异以获得更好的效用。物品进入生产领域之前、生产领域过程中、从生产领域进入流通领域之前，或在流通领域过程中，均可能需要停留一定时间，这就形成了仓储。仓储对于社会再生产具有重要作用。

3. 调节运输能力

各种运输工具的运量运力相差较大，水路运输、铁路运输、公路运输、航空运输和管道运输五种运输方式都有着自己的特色和要求，各运输方式之间或运输方式内部的转运，都可能会产生与运输能力不匹配的情况，这种运力的差异等都要通过仓储（仓库或货场等）来调节和衔接。

4.降低物流成本

科学合理的仓储决策和仓储管理，可以有效地降低整体仓储成本和物流成本，实现企业或社会仓储体系的合理化。

5.配送和流通加工

现代仓储除以保管和储存为主要功能外，还向着流通加工和配送的方向发展，现代仓储逐步演化为集流通加工和配送于一体的多功能的配送中心。现代仓储不仅具备了储存保管货物设施的功能，还增加了分拣、配送、包装、流通加工、信息处理等功能。这既扩大了仓储的功能范围，又提高了物品的综合利用率，同时还促进了物流合理化，方便了客户，提高了服务质量。

二、跨境电商配送概述

（一）跨境电商配送的内涵

跨境电子商务配送是指通过电子商务平台达成交易、进行支付结算，借助跨境物流，按照境内外消费者的要求，把配好的货物在规定的时间、规定的地点安全准确地送交给收货人，完成跨境电商交易的一种商业活动。跨境电子商务配送一般简称为跨境电商配送，是跨境电商物流中的一种特殊的、综合的活动形式，它将商流和物流紧密结合在一起。这种新型的配送模式带来了流通领域的巨大变革，越来越多的企业开始积极地搭乘跨境电子商务的快车，采用跨境电子商务配送模式。

1.从经济学资源配置的角度认识配送

根据配送在社会再生产过程中的位置以及其本质，可以把配送描述为以现代送货形式来实现资源最终配置的经济活动。这个概念概括了四点内涵：

第一，配送是资源配置的一部分，因而是经济体制的一种形式。

第二，配送是最终资源配置，处在接近顾客的位置。美国兰德公司对《幸福》杂志所列的 500 家大公司的一项调查表明，经营战略和接近顾客至关重要，从而证明了这种配置方式的重要性。

第三，配送的主要经济活动是现代送货。配送是以现代生产力、劳动手段为支撑，依靠科技手段实现配和送有机结合的一种方式。因此，它不同于传统意义上的简单送货。

第四，在社会再生产过程中，配送处于接近用户的那一端。可以说，配送是一种重要的方式，有其战略价值，但是由于其局限性，并不能解决流通领域的所有问题。

2. 从配送实施的角度理解配送的概念

从配送最终实现的环节来看，可以把配送描述为按用户订货要求，在配送中心或其他物流节点进行货物配备，并以最合理的方式送交用户的过程。

这个概念的内涵包括以下五点：

第一，整个概念描述了接近用户资源配置的全过程。

第二，配送有别于一般送货。配送的实质是从物流节点至用户的一种特殊送货形式，它有别于一般送货，是一种中转形式。一般送货可以是一种偶然的行为，而配送却是一种固定的形态，甚至是一种有确定组织、确定渠道，有一套装备和管理力量、技术力量，有一套制度的体制形式。所以，配送是高水平的送货形式，即前面我们所提到的现代送货。

从送货功能来看，其特殊性表现为：从事送货的不是生产企业，而是专职流通企业；一般送货尤其从工厂至用户的送货往往是直达型，而配送是中转型送货；一般送货是生产什么，有什么送什么，配送则是根据企业的需要送货。所以，要做到按需送货，就必须在一定中转环节筹集这种需要。当然，广义上，许多人也将非中转型送货纳入配送范围，将配送外延从中转扩大到非中转。

第三，配送是配和送的有机结合。在运送货物过程中，如果不进行分拣、配货，有一件运一件，需要一点送一点，就会大大增加动力的消耗，增加送货成本。而配送是利用有效分拣、配货等理货工作，使送货达到一定的规模，并利用规模优势取得较低的送货成本。所以，分拣、配货等工作是必不可少的。

第四，配送以用户要求为出发点。定义中强调了按用户的订货要求，明确了用户的主导地位。配送是从用户利益出发，按用户要求进行的一种活动，因此，在观念上必须明确配送企业是服务地位不是主导地位，应从用户利益出发，在满足用户利益的基础上取得本企业的利益，即做到用户第一、质量第一。更重要的是，不能利用配送损伤或控制用户，更不能利用配送作为部门分割、行业分割、割据市场的手段。

第五，概念中提出以最合理的方式配送，目的是避免过分强调按用户要求。因为用户要求受用户本身的局限，因此，对于配送者来说，必须以用户要求为依据，但不能盲目，应该追求合理性，进而指导用户实现共同受益。

（二）配送的基本环节

配送作业是按照用户的要求，将货物分拣出来，按时按量发送到指定地点的过程。配送作业是配送中心运作的核心内容，因而配送作业流程的合理性，以及配送作业效率都会直接影响整个物流系统的正常运行。从总体上看，配送是由备货、理货和送货等环节组成的，其中每个环节又包含着若干项具体的、枝节性的活动。

1. 备货

备货是指准备货物的系列活动。它是配送的基本环节。严格说来，备货应当包括两项具体活动：筹集货物和储存货物。

一是筹集货物。在不同的经济体制下，筹集货物（或者说组织货源）是由不同的行为主体去完成的。若由生产企业直接进行配送，那么，筹集货物的工作则会出现两种情况：其一，由提供配送服务的配送企业直接承担，一般是通过向生产企业订货或购货完成此项工作；其二，选择商流、物流分开的模式进行配送，订货、购货等筹集货物的工作通常是由货主（如生产企业）自己去做，配送组织只负责进货和集货等工作，货物所有权属于事主（接受配送服务的需求者）。然而，不管具体做法怎样，就总体活动而言，筹集货物都是由订货（或购货）、进货、集货及相关的验货、结算等一系列活动组成的。

二是储存货物。储存货物是购货、进货活动的延续。在配送活动中，货物储存有两种表现形态：一种是暂存形态；另一种是储备（包括保险储备和周转储备）形态。

暂存形态的储存是按照分拣、配货工序要求，在理货场地储存少量货物。这种形态的货物储存是为了适应日配送、即时配送需要而设置的，其数量多少对下一个环节的工作方便与否会产生很大的影响，但不会影响储存活动的总体效益。

储备形态的货物是按照一定时期配送活动要求和根据货源的到货情况（到货周期）有计划地确定的，它是配送持续运作的资源保证。如上所述，用于支持配送的货物储备有两种具体形态：保险储备和周转储备。不管是哪一种形态的储备，相对来说，数量都比较多。据此，货物储备合理与否，会直接影响配送的整体效益。

以上所述的备货是决定配送成败、规模大小的最基础的环节。同时，它也是决定配送效益高低的关键环节。如果备货不及时或不合理、成本高，就会大大降低配送的整体效益。

2. 理货

理货是配送的一项重要的内容，也是区别于一般送货的重要标志。理货包括货物分拣、配货和包装等项活动。货物分拣采用适当的方式和手段，从储存的货物中分出（或拣选）用户所需要的货物。分拣货物一般有两种方式：一是摘取式，二是播种式。

摘取式分拣就像在果园里摘果子那样去拣货物。具体做法是：作业人员拉着集货箱（或分箱）在排列整齐的仓库货架间走动，按照配送单上所列的品种、规格、数量等将货物拣出及装入集货箱内。一般情况下，每次拣选只为一个客户装配；在特殊情况下，也可以为两个以上的客户装配。目前推广和应用了自动化分拣技术，大大提高了分拣作业的劳动效率。

播种式分拣货物类似于田野中的播种操作。其具体做法是：将数量多的同种货物集中运发到发货场，然后根据每个货位货物的发送量分别取出货物，并分别投放到每个用户的货位上,直到配货完毕。为了完好无损地运送货物和方便识别装备好的货物,有些已经经过分拣、装配好的货物需要重新包装,并且要在包装上贴上标签,记载货物的品种、数量、收货人的姓名、地址及运抵时间等。

3. 送货

送货是配送的核心,也是备货和理货工序的延伸。在物流中,送货实际上就是货物的运输(或运送),因此,常常以运输代表送货。但是,组成配送活动的运输(有人称之为配送运输)与通常所讲的干线运输是有很大区别的。由于配送中的送货(或运输)需要面对众多客户,并且要多方向运送,所以,在送货过程中,常常要在全面计划的基础上,制定科学的、距离较短的货运路线,选择就近、迅速、安全的运输工具作为主要的运输方式。

4. 流通加工

在配送过程中,根据用户要求或配送对象(产品)的特点,有时需要在未配货之前先对货物进行加工(如钢材剪切、木材截锯等),以求提高配送质量,更好地满足用户需要。融合在配送中的货物加工是流通加工的一种特殊形式,其主要目的是使配送的货物完全适应用户需要和提高资源的利用率。

(三)配送与运输的关系

配送与运输都是线路活动。物流活动根据物品是否产生位置移动可分为两大类,即线路活动和节点活动,产生位置移动的物流活动称为线路活动,否则为节点活动。节点活动在一个组织内部的场所中进行,不以创造空间效用为目的,主要是创造时间效用,如在工厂内、仓库内、物流中心或配送中心内进行的装卸、搬运、包装、储存、流通加工等,都是节点活动。

配送与运输虽然都属于线路活动,但功能上有所差异,它们并不能相互替代,而形成了相互依存、互为补充的关系。仅有运输或仅有配送是不可能达到上述要求的,因为根据运输的规模原理和距离原理,大批量、远距离的运输才是合理的,但它不能满足分散消费的要求;配送虽然具有小批量、多批次的特点,但不适合远距离输送。因此必须两者互相配合,方能达到目标。

一般来说，运输和配送同时存在的物流系统中，运输处在配送的前面，先通过运输实现物品长距离的位置转移，然后交由配送来完成短距离的输送。

（四）跨境电商配送的特征

1. 配送的特征

配送的概念既不同于运输，也不同于旧式送货。配送有以下几个特点：

第一，配送是从物流据点至用户的一种特殊送货形式。在整个输送过程中配送处于二次运输、支线运输、终端运输的位置，配送是中转型送货，其起止点分别是物流据点和用户。通常是短距离少量货物的移动。

第二，从事配送的是专职流通企业，用户需要什么配送什么，而不是生产企业生产什么送什么。

第三，配送不是单纯的运输或输送，而是运输与其他活动共同构成的组合体。

第四，配送是供应者送货到户式的服务。从服务方式来讲，是一种"门到门"的服务，可以将货物从物流据点一直送到用户的仓库、营业所、车间乃至生产线的起点或个体消费者手中。

第五，配送是在全面配货的基础上，完全按用户要求，包括种类、品种搭配、数量、时间等方面的要求所进行的运送。因此，除了各种运与送的活动外，还要从事大量分货、配货、配装等工作，是配和送的有机结合形式。

2. 电子商务配送的特征

电子商务配送是指配送企业采用网络化的计算机技术和现代化的硬件设备、软件系统及先进的管理手段，针对客户的需求，进行一系列分类、编码、整理、配货等理货工作，按照约定的时间和地点将要求数量和规格的商品传递到用户的活动及过程。这种新型的配送模式带来了流通领域的巨大变革，越来越多的企业开始积极搭乘电子商务快车，采用电子商务配送模式。

与传统的配送相比，电子商务配送具有以下特征。

（1）虚拟性

电子商务配送的虚拟性来自网络的虚拟性，借助现代计算机技术，配送活动已由过去的实体空间拓展到虚拟网络空间，实体作业节点可以以虚拟信息节点的形式表现出来；实体配送活动的各项职能和功能可在计算机上进行仿真模拟，通过虚拟配送，找到实体配送中存在的不合理现象，进行组合优化，最终实现实体配送过程效率最高、费用最少、距离最短、时间最少的目标。

（2）实时性

实时性不仅有助于辅助决策，让决策者获得更高的决策信息支持，还可以实现对配送过程的实时管理。配送要素数字化、代码化之后，突破了时空制约，配送业务运营商与客户均可通过共享信息平台获取相应配送信息，从而最大限度地减少各方的信息不对称，有效地缩小了配送活动过程中的运作不确定性与环节间的衔接不确定性，打破了以往配送途中的失控状态，实现了全程的监控配送。

（3）个性化

个性化配送是电子商务配送的重要特性之一。作为"末端运输"的配送服务，电子商务配送所面对的市场需求是多品种、少批量、多批次、短周期的，小规模的频繁配送将导致配送企业的成本增加，这就必须寻求新的利润增长点，而个性化配送正是一个新的利润源泉。电子商务配送的个性化体现为配的个性化和送的个性化。配的个性化主要指通过配送企业在流通节点（配送中心）根据客户的指令对配送对象进行个性化流通加工，从而增加产品的附加价值；送的个性化主要是指依据客户要求的配送习惯、喜好的配送方式等为每一位客户制订量体裁衣式的配送方案。

（4）增值性

除了传统的分拣、备货、配货、加工、包装、送货等作业以外，电子商务配送的功能还向上游延伸到市场调研与预测、采购及订单处理，向下延伸到物流咨询、物流方案的选择和制订，库存控制决策，物流教育与培训等附加功能，从而为客户提供具有更多增值性的物流服务。

3. 跨境电商配送的特征

（1）跨境电商配送范围的全球化

跨境电子商务物流覆盖的范围广，消费者群体多变，订货规模呈现小批量化，对商品供应的及时性、准确性要求越来越高。企业之间的竞争不再局限于质量、价格等方面，而已经扩展到物流服务等无形手段的竞争，国际（地区间）配送中心正是顺应了这一趋势。作为国际（地区间）物流节点，它能更接近目标顾客、接近市场，将市场的需求及时反馈到生产企业。国际（地区间）配送中心减少了流通过程的中间环节，提高了企业对客户需求的快速反应能力。因此配送的全球化扩大了企业产品的销售空间，扩大了企业的生产销售规模，使企业得到了更多的利益。

（2）跨境电商配送流程的智能化

配送流程的智能化是建立在配送信息化的条件之上的。在整个配送过程中企业需要进行大量的讨论、研究、比较，最后做出最合理的决策，例如企业仓库库存的确定、配送途径的选择、配送中心管理决策等问题。在跨境电子商务物流中，配送中心可以根据计算机网络所反馈的信息，进行快速的反应和处理，从而最终实现配送的简洁化和智能化。通过计算机模拟配送，找到实体配送中存在的不科学现象，并从中进行组合优化，最终在整个实体配送过程中达成效率最高、成本最低、时间最少的目标。

（3）配送的自动化

自动化的基础是信息化，核心是实现机器与计算机的快速反应，具体表现在通过计算机来控制相关的机器设备，自动化不仅可以大大节省劳动力资源，更提高了物流企业的生产效率、减少了人工物流作业时的误差等。实现配送自动化的设施非常之多，如信息引导系统、货物自动跟踪系统、语音自动识别系统以及射频自动识别系统等，许多发达国家（地区）已把这些设施与系统应用于企业物流作业中。

（4）配送的时效化

传统的配送过程缺乏先进的信息技术支持，要完成整个配送活动需要经过相当漫长的过程。但随着信息技术的不断发展，配送的时间也大大缩短，在跨境配送过程中，物流信息传递、资源整合都可以通过互联网络在短短的几秒内得到有效的解决。因此在跨境电子商务环境下的配送具有较强的时效性。

（5）配送的柔性化

柔性化是指以客户为中心，满足不同客户的要求。因此，配送模式的柔性化正好适应跨境电子商务时代网络客户的个性化需要，将生产、消费及配送有机结合。它要求配送中心根据计算机网络所反应的不同客户的消费信息，进行灵活的物流操作。

在跨境电子商务环境下，物流的各种功能可以通过网络化的方式表现出来，在网络化的过程中，人们可以通过各种组合方式，寻求配送的合理化。在实际的配送过程中不仅减少了企业的库存量、加速了资金流转、提高了物流效率、降低了物流成本，还有利于提高社会经济效益，促进市场经济的健康持续发展。

（6）配送的信息化

在电子商务时代，跨境配送的信息化是发展电子商务的必然要求。配送信息化表现为在整个配送过程中被现代信息技术全副武装起来，主要体现在物流信息的商品化、物流信息收集的数据库化和代码化、物流信息处理的电子化和计算机化、物流信息传递的标准化和实时化、物流信息储存的熟悉化等。因此，一些先进的信息技术［条形码、EDI（电子数据交换）、QR（快速反应）等］在配送中得到了很好的应用。信息化是基础，没有物流的信息化，任何先进的技术装备都不可能应用于物流领域，现代信息技术的应用大大推动了跨境电子商务物流的发展。

（五）跨境电商配送的功能

1. 配送的功能

（1）配送能够促进物流资源的合理配置

现代物流正朝着科学化、合理化、全球化、信息化、网络化和智能化等方向发展。而就现代物流的本质而言，无非是保障物品的低成本移动和对客户的高效率服务，配送在这一过程中发挥着重要作用。配送对现代物流的意义，不仅在于保障货物的及时送达，还在于其调动了其他环节的合理布局和优化配置。随着现代物流的不断发展和配送率的不断提高，体现在物流资源配置的科学化和合理化发展对整个经济形势及流通格局发展的影响已经越来越大。

第一，完善了输送和物流系统，减少了交叉运输。第二次世界大战之后，由于大吨位、高效率运输力量的出现，干线运输无论是在铁路、公路还是在海运等方面都达到了较高的水平，长距离、大批量的运输实现了低成本化。但是在所有干线运输之后，往往都需要辅以支线运输和小搬运，这种支线运输或者小搬运成了物流过程的一个薄弱环节。这个环节有许多和干线运输不同的特点，如要求灵活性、适应性、服务性，运力利用不合理、成本过高等问题难以解决。可采用配送的方式，将支线运输和小搬运统一起来，使输送过程得以优化和完善。

第二，简化事务，方便客户，提高物流服务水平。采用配送的方式，客户只需向一处订货或者和一个进货单位联系就可以订购到以往需要去很多地方才能够订购到的货物，因而大大减少了客户的工作量和负担，也节省了事务开支。

第三，配送对于整个社会和生态环境来说，作用很大。可以节约运输车辆、缓解交通紧张状况、减少噪声和尾气污染，保护美好的家园。

第四，配送有利于促进物流设施和装备的进步。

第五，配送促使仓储的职能发生变化。仓储业将从以储存、保管为主的静态储存转向以保管储存、流通加工、分类、拣选、商品输送等为一体的动态储存。建立配送中心后，仓储业的经营活动将由原来的储备型转变为流通型。不仅要保证商品的使用价值完好无损，还要做到货源充足、品种齐全、供应及时、送货上门，其经营方式将从等客上门向主动了解客户的需求状况的方向转变。

（2）配送是降低物流成本的有效途径

现代配送是以专业化为基础的综合性的流通活动。配送对于降低物流成本的意义体现在供应链物流和整个社会物流上，具体来说就是集中社会库存和分散的运力，以配送企业的库存取代分散于各家各户的库存，进而以社会供应系统取代企业内部的供应系统。

第一，通过集中库存使企业实现低库存或零库存。实现了高水平的配送之后，尤其是采取了准时配送方式之后，生产企业可以完全依靠配送中心的准时配送而不需要保持自己的库存。或者，生产企业只需保持少量保险储备，而不必留有经常储备。这就可以实现生产企业多年追求的"零库存"，将企业从库存的负担中解脱出来，同时解放出大量的储备资金，从而改善企业的财务状况。实行集中库存增加了调节能力，提高了社会经济效益。此外，采用集中库存可以利用规模经济的优势，使存货成本下降。

第二，提高了末端物流的效益。采用配送的方式，通过增大经济批量来达到低价进货，又通过将各种商品用户集中起来一次发货，达到经济发货，使末端物流经济效益提高。

此外，配送对于降低物流成本的作用不仅仅体现在供应方面和库存方面，配送的完善和不断发展又为高新技术的开发与应用提供了良机，正是随着各种专用配送设备的广泛使用和各种自动化装置和设施的相继建立，许多生产技术和现代化物流技术（如集装箱运输技术、条形码标识技术、自动拣选技术等）陆续被开发出来。

（3）配送能够有效促进流通的组织化和系列化，提高供应保证程度

配送作为现代物流的重要内容，其发展体现了社会分工的专业化和物流资源配置的整合，也促进了流通的组织化和系列化。生产企业自己保持库存，维持生产，供应保证程度很难提高（受库存费用制约）。采用配送方式，配送中心可以比任何企业的储备量更大。因而对每个企业而言，中断供应、影响生产的风险缩小。

（4）配送为电子商务的发展提供了有力的支持

随着电子商务被越来越多的消费者接受，消费者对物流也提出了更高的要求。在未来，中国消费者将更重视互联网商家的物流服务及其他增值服务能力，配送为电子商务的发展提供了有力的支持。

2. 跨境电商配送的功能

跨境电商配送是实现跨境电子商务的重要环节和保证。

（1）跨境电商配送是跨境电子商务的重要成分

随着网络技术和电子技术的发展，人类进入电子商务时代。从此，网络银行、商务平台和物流公司成了电子商务运作的三大支柱，也是跨境电子商务时代连接生产企业和消费者的三大主体。电子商务是网络经济和物流一体化的产物，是网络经济和现代物流共同创造出来的，我们可以用公式"电子商务＝网上信息传递＋网上交易＋网上结算＋配送"来描述电子商务活动。跨境配送自然也就成了跨境电子商务的基础和重要组成部分。

（2）跨境电商配送为跨境电子商务优势的实现提供了可靠保障

跨境电子商务具有方便、快捷和高效等优势，足不出户便可购买远在境外的优质、实惠、紧俏、高端产品，但如果缺少与跨境电子商务相匹配的跨境配送体系，跨境电子商务交易方便、快捷、高效的优势便难以实现。

（3）跨境配送是企业面对客户的一种营销手段

跨境配送提供了商家和客户面对面交流的机会，有助于双方增进了解和沟通，消除客户对虚拟企业及在线购物的怀疑心理，树立企业在客户心中的良好形象，同时通过跨境配送还可以帮助企业了解客户的真实需求，更好地为客户服务。

第二节　跨境电商仓储作业流程

一、仓储基本作业流程

仓储作业流程是指货物从入库开始到出库必须经过的、按一定顺序相互连接的作业环节。按其作业顺序主要分为接运、卸车、理货、检验、入库、储存、保管保养、装卸搬运、分拣、包装及发运等环节。每个环节并不是孤立的，它们既相互联系，又相互制约。后一作业环节的开始要依赖于前一作业环节的顺利完成，前一作业环节的完成效果也直接影响到后一作业环节是否顺利完成。由于在仓储作业过程中，各环节内部存在着联系，且需要耗费一定的人力、物力，仓储成本在物流成本当中占很大比重，因此必须对仓储各个作业流程进行深入细致的分析和合理的组织。

不同的货物，由于其特性不同，仓储作业流程所包含的作业环节、各环节的作业内容以及作业顺序可能不尽相同。因此，在组织仓储作业时，应当对具体的作业流程进行分析，目的是尽可能减少作业环节，缩短货物的搬运距离及作业时间，提高入库、出库效率，降低仓储成本。

（一）入库作业管理

入库作业管理是仓储管理的重要环节，做好货物入库的工作是仓储管理的前提。同时，入库作业水平的高低直接影响着整个仓储作业的效率和效益。入库作业流程包括入库前准备、货物接运和货物验收与入库。

1. 入库前准备

货物入库前的准备工作主要是根据采购计划和订货合同的规定，对即将入库的商品、货物安排储位，并且组织相关人力、物力完成入库作业。其主要目的是保证货物能按时入库，保证入库工作顺利进行。入库的准备工作包括九个方面的内容，分别是熟悉入库货物、掌握仓库情况、制订仓储计划、妥善安排货位、合理组织人力、毡垫材料及作业用具准备、货物验收准备、装卸搬运工艺设定、文件单证准备。

2. 货物接运

做好货物接运工作，一方面可以防止把运输过程中或运输之前就已经损坏的货物带入仓库，减少或避免经济损失；另一方面为货物验收及后期保管创造良好的条件。货物接运的主要工作是及时而准确地向交通运输部门提取入库货物，要求手续清楚、责任分明，为仓库验收工作创造有利条件。货物的接运方式主要有车站、码头提货，专线接车，仓库自行接货，库内接货。

3. 货物验收

货物验收是指货物在正式进入仓库前，严格按照一定程序和手续对所接运的货物进行必要的检查，包括货物数量、外观质量等是否符合订货合同的规定。

（1）货物验收要求

货物验收工作是一项技术要求高、组织严密的工作，关系到整个仓储作业是否顺利进行，因此必须做到及时、准确、严格、经济。

（2）货物验收程序

①验收准备。首先，仓库接到到货通知后根据货物的特性和数量安排好验收人员，包括专业技术人员和装卸搬运人员；其次，需要收集并且熟悉待检货物的有关标准和合同；再次，准备好必要的检验工具；最后，调用必要的装卸搬运机械配合验收。

②凭证核对。这些单据包括入库验收单、订货合同副本、物品的质量证明、装箱单、发货单、运输单等。

③实物检验。实物检验是验收工作的核心。仓库一般负责货物外观质量和数量的验收。对于需要进行内在质量和性能检验的入库物资，仓库应积极配合检验部门完成验收工作。

（3）实物验收

实物验收是指检验货物的包装、数量及外观质量是否与入库单据相符，即复核货物数量是否与入库凭证相符、货物质量是否符合要求、货物包装是否能保证货物在储存和运输过程中的安全。货物检验方式有包装检验、数量检验、质量检验及抽样检验。

（4）入库

货物数量和质量经检验合格后，由管理人员安排卸货、入库堆码，同时办理交接手续，接受货物和相关文件，签署有关单据，划清运输部门和仓库的责任，并由仓库有关人员进行货物的登账、立卡、建立档案，以圆满完成入库交接工作。

（二）在库作业管理

货物的在库作业管理也是仓储作业管理的重要环节，是降低仓储成本的关键环节之一。在库作业管理包括在库货物养护与保管、盘点作业、订单处理作业、拣货作业。其中，盘点作业是在库作业管理的重要内容，是指为了有效地控制货物数量，而对各储存场所进行数量清点的作业。

1. 盘点作业的目的

盘点作业的目的是查清实际库存数量，并通过盈亏调整使库存账面数量与实际库存数量一致；帮助企业计算资产损益；通过盘点发现仓储中存在的问题。

2. 盘点作业的内容

①查数量。通过点数计数查明在库货物的实际数量，核对库存账面资料与实际库存数量是否一致。

②查质量。检查在库货物的品质有无发生变化、有无超过有效期或者保质期、有无长期积压现象，必要时还要对其进行技术检验。

③查保管条件。检查保管条件是否与各种货物的保管要求相符合，如货物堆码是否稳固、库内温度及湿度是否符合要求等。

④查安全。检查各种安全措施和消防器材、设备是否符合安全要求。

3. 盘点作业流程

盘点作业流程通常包括盘点计划、盘点前准备、确定盘点时间、确定盘点方法、盘点人员的组织与培训、清理盘点现场、查清盘点存在差异的原因和盘点结果的处理。

4.盘点方法

盘点方法主要有账面盘点法和实地盘点法。

（三）出库作业管理

仓库的出库作业管理是指根据出库凭证，将所需要的货物发放给需求部门而进行的各项活动。货物的出库业务也称为发货业务，根据企业的业务部门或货主开具的出库凭证，进行拣货、分货、包装，直到把货物交给运输部门或货主的一系列作业过程。

货物的出库必须遵循"先进先出"原则，使仓储活动管理高效有序。无论用哪一种出库方式，都应按照以下程序做好管理工作。

（1）订单审核。货物出库的凭证，无论是领料单、发料单还是出库单，都应该由相关业务部门签字或者盖章。仓库在接到订单或者出库单时，应核对单据的内容，如证件上的印鉴是否齐全、有无涂改。在审核无误后，再按照出库单证上所列货物的名称、规格、数量等与仓库账面做全面核对，确认无误后再进行出库信息处理和拣货作业。

（2）出库信息处理。完成出库单据审核与录入后对货物的出库信息进行处理，包括先进先出的安排、存货量的检验等工作。

（3）拣货。根据客户的订货要求或者仓库的出库计划，尽可能迅速、准确地将货物分拣出来。拣货分为人工拣货和自动拣货。

人工拣货：由工人根据拣货单据或其他拣货信息拣选货物。拣货作业完成后由工人将各客户订购的货物放入已标记好的各区域容器内，等待出货。

自动拣货：利用自动分拣机进行拣货。自动分拣机利用计算机和识别系统来完成对货物的分类。这种方式不仅快速省力，而且准确，尤其适用于品种多并且业务繁忙的流通型仓库或配送中心。

（4）发货检查。发货检查时根据客户信息和车次对拣选的货物进行商品编码的核实，对货物质量和数量进行核对，并对货物状态及质量进行检查。

发货检查是保证单据、货物相符，避免错误，提高服务质量的关键，是进一步确认拣货作业是否有误的工作，因此必须认真查对，防止出错。

（5）装车。装车是按照送货路线安排、时间安排和装车图，将完成分拣的货物搬运到车上的过程。

（6）发货信息处理。出库单、送货单得到客户确认后，将完整的出库信息输入系统中。出库单据是向客户收款的依据，及时更新货物的在库信息也是确保库存信息准确无误的基础。

二、电子商务仓储作业流程

（一）入库流程

入库流程包括入库预约、运输送货、验单登记、卸货作业、交接签单、搬运作业、入库签收、收货抽检、扫码清点、货品上架。

（1）入库预约。入库前，存货人应与保管人签订仓储合同，并向保管人提供入库信息。入库信息至少包括存货人信息、入库日期计划、存入货品信息、运输信息（包括承运人、运输工具、运输施封信息）和储存条件要求。保管人应根据经存货人确认的入库通知书做好准备工作，以便货品抵达后及时入库，并根据货品特性和管理需要确定储存货位。正常情况下需要提前3个工作日预约，预计有超量的部分且需较长时间完成入库的需提前预约。

（2）运输送货。送货上门应提供送货单或货运单，包含收货单位、收货地址、发货地点等；货站自提应提供提货单及提货授权书。运输工具抵达仓库时，保管人应确认入库许可及相关证明文件，检查运输工具外观情况。

（3）验单登记。应根据送货方式审核单据的完整性和有效性，详细登记包括车牌号、供应商信息、送货人信息、运单号等信息，并且根据仓库情况分配安排卸货地点。

（4）卸货作业。卸货前，保管人应检查货品的包装外观，并记录结果。无外包装、外包装破损、明显残次或已被污染的货品不得入库。卸货作业应在卸货区进行，由运输方负责卸货作业，卸货方式遵照仓库规定进行码放堆垛；由保管人进行卸货作业的，应及时有序卸载货品，并对卸货时间进行记录。而对于退仓货品，保管人应按正常入库检查程序履行检查。

（5）交接签单。其中签单的要求是采用仓库打印的一式三联单作为有效交接凭证，须加盖仓库专用章以及责任人签名。

（6）搬运作业。卸货后根据货品性质和数量，使用相应的搬运工具，将货品及时搬运至相关仓库储存。

（7）入库签收。

第一，在入库检查、卸载和搬运入库过程中，保管人应逐项核对货品信息、储存条件信息等，发现差异应及时联系存货人或承运人确认。信息如果与实际货品不符，则不得入库。

第二，经存货人提前3个工作日预约的到库货品，应到货当天清点完毕。

第三，入库验收均应在监控可视区域内进行，货品核对好数目并分类完毕后，方能进入库区。入库完毕后，应将入库信息结果通知存货人。

第四，货品应张贴编码，货品编码应对应至最小单位的货品。

第五，抽样检查货品编码能否扫描录入，无法扫描录入不得入库。

（8）收货抽检。收货抽检内容包括货品的数量和外观，抽检比例：当入库批量在30件以内时，全部进行件数清点和外观质量检验；超过30件的部分按5%～15%的比例抽检且最低不得低于一件。

（9）扫码清点。

（10）货品上架。

第一，库内分区，每区由指定仓管员负责货品分拣。

第二，对货品及时复核上架。核对无误后，上架签字确认，并更新数据。如复核数据不符，应进行内部复核，或者与存货人协商处理。

第三，在架货物，应将每个库存量单位（SKU）于一处库位进行放置。

第四，上架时如果出现货品型号、体积、颜色等相近的货品应分开放置，以免发生混货现象，散发性或吸附性的货品应隔离分区放置。

第五，上架遵循同一库存量单位同一批次集中原则，同时满足就近原则。

在摆放时若无特殊要求，应遵循从左至右、从里至外的原则，货品遵守先进先出原则。

（二）储存流程

第一，储位分配。缺乏信息系统支持的仓库，一个储位只能存放一个库存量单位。

第二，货品流通加工。仓库应具备货品组装、货品拆分、预包装、贴条码、换包装、贴标签、质量全检等业务能力。

第三，保管作业。库区实施封闭式管理，非本库区仓管员，未经允许不得进入库区。存货人来访应有专人陪同，未经允许，严禁触碰在架货品。对有保质期要求的货品，保管人应按协商的期限及时向存货人发出通报；对接近保质期的货品应及时向存货人发出预报；对超出保质期的货品应做好标识，通知存货人尽快处置并做好记录。

第四，盘点作业。盘点方式采用动态盘点，盘点方法采用实盘实点。盘点时注意货物的摆放，盘点后需要对货品进行整理，保持原来的或合理的摆放顺序。保管人应对库存货品按批次盘点结清，并进行定期盘点，将记录存档。盘点完毕后，参加盘点的仓管员在盘点表上签字。

第五，移库作业。所有的理库、移库作业必须记录，保证可追溯性。遵循相邻库位优先、就近优先、相同货物优先、拼托时同区域优先原则。大批量移库时，应先找好目的库位，审核后方可作业。

（三）出库流程

（1）生成波次。按照不同的业务需求匹配相应的生产工艺，按照既定规则包括是否加急、批量拣选、按SKU拣选、拣选区域等进行任务队伍管理。

（2）订单打印。支持打印快递单、发票、装箱单、拣选单等单据；快递单与拣选单订一处、分区摆放，并交给仓管员；及时处理包括存货人拆单、加单、撤单等异常订单，库内退（换）货均应视为异常订单处理，异常订单处理应每日记录；当天工作完成后，关闭相关设备，物料均应归位整理；单据关联匹配、暂存、传递、领用、修改、作废等应有明确流程。

（3）拣选作业。

第一，拣选指令至少应显示储位、货品编码、货品名称、货品规格、货品数量等。确保可根据需要显示批号、序号等信息，满足先入先出及可追溯要求。

第二，批量拣选宜拣选对应货品数量较多的库位，单件拣选宜拣选对应货品数量较少的库位，并应遵循路径最短原则。

第三，采用机械化作业，减少手工操作，避免无快递单的验货。

第四，核查货品是否与拣货单一致。

（4）包装作业。应根据货品的特性、大小等因素进行包装，对特殊属性的货品，纸箱应有防潮、防雨、不可倒置等对应的运输标识。

（5）称重作业。称重分为人工称重和自动称重两种方式。

第一，人工称重：手工操作，手工填写包裹重量。

第二，自动称重：采用自动化设备进行称重，自动输入包裹重量。

（6）终检作业。终检方式采用图片比对和重量比对。

（7）分拣作业。将货物按品种、出入库先后顺序进行分门别类的堆放。

（8）出库交接。接收人和保管人现场清点交接，以出库单作为交接凭证，出库单一式三份，接收人和保管人签字确认后留底保存，接收人和保管人签字后货物交接完成。

（四）退（换）货作业

（1）退件响应。客户应凭快递面单及实物进行退（换）货。食品类货品按国家有关法律法规执行。

（2）外观检查。对退回货品的外观完好度进行检查，外观发生破损、变形等情况时，拒绝接收。

（3）快递签收。外观检查合格后，由专门负责人进行快递签收。

（4）销退关联。

（5）货品质检。

（6）货品上架。

管理员统一集中，退回相应的存货人，并开具不合格退货单，进行出库。仓库在接收退货指令后，及时将退货指令以可记录形式传递至配送商处，并在配送商退件到仓后，在规定时间内处理完。

第三节　跨境电商配送业务流程

一、配送基本作业流程

配送的基本流程包括以下几项作业：进货、搬运、储存、订单处理、拣货、补货、配货及送货。配送作业是配送企业或部门运作的核心内容，因而配送作业流程的合理性以及配送作业的效率都会直接影响整个物流系统的正常运行。

当收到用户订单后，首先将订单按其性质进行订单处理，之后从仓库中取出用户所需货品。一旦发现拣货区所剩余的存货量过低，就必须由储存区进行补货作业。储存区的存货量低于规定标准，便向供应商采购订货。从仓库拣选出的货品经过整理之后即可准备发货。等到一切发货准备就绪，司机便可将货品装在配送车上，向用户进行送货作业。另外，在所有作业进行过程中，只要涉及货物的流动作业，其间就一定有搬运作业。

配送作业涉及很多流程，这里选择进货作业、订单处理、拣货作业和补货作业、配货作业、送货作业，以及退调作业和信息处理等进行重点介绍。

（一）进货作业

其中，确定进货目标的内容一般有以下几个方面：掌握货物到达的日期、品种、数量；配合停泊信息协调进出货车的交通问题；为了方便卸货及搬运，计划好货车的停车位置；预先计划临时存放位置。

货品验收检查是对产品的质量和数量进行检查的工作。验收工作一般分为两种：第一种是先点收货物，再通知负责检验的单位办理检验工作；第二种是先由检查部门检验品质，认为合格后，再通知仓储部门办理收货手续。

1. 货物验收的标准

要准确及时地验收货物，就必须明确验收标准。在实际工作中，可以采用以下标准验收货物：采购合同或订单所规定的具体要求和条件；采购合同中的规格或图解；议价时的合格样品；各类产品的国家品质标准或国际标准。

2. 货物验收的内容

在验收货物时，主要进行质量、包装和数量三个方面的验收工作：

（1）对入库货物进行质量验收的主要目的是查明入库商品的质量状况，以便及时发现问题，分清责任，确保到库货物符合订单要求。

（2）包装验收的具体内容主要包括包装是否安全牢固，包装标志是否符合要求，包装材料的质量状况是否良好。

（3）在日常作业中，入库货物数量上的溢缺是较常见的现象，这直接关系到配送中心的库存数量控制和流动资产管理。所以，数量验收是进货作业中很重要的内容。

到达配送中心的商品，经验收确认后，必须填写验收单，并将有关入库信息及时准确地登入库存商品信息管理系统，以便及时更新库存商品的有关数据。货物信息登录的目的在于为后续作业环节提供管理和控制的依据。

（二）订单处理

从接到客户订单开始到着手准备拣货之间的作业阶段，称为订单处理。通常包括订单资料确认、存货查询、单据处理等内容。订单处理分人工和计算机两种形式。人工处理具有较大弹性，但只适合少量订单的处理，一旦订单数量较多，处理将变得缓慢且容易出错。计算机处理则速度快、效率高、成本低，适合大量订单的处理，因此目前主要采取后一种形式。

1. 接单

接单作业是订单处理的第一步。随着流通环境的变化和现代科技的发展，现在的客户更趋向于高频率地订货，且要求快速配送。因此，接受客户订货的方式也渐渐由传统的人工下单、接单，演变为电子订货方式。电子订货，即采用电子传运方式取代传统人工书写、输入、传送的订货方式，订货资料由书面资料转为电子资料，通过通信网络进行传送。

2.确定货物名称、数量、日期

接单以后，首先确认货物名称、数量及日期，即检查品名、数量、送货日期等是否有遗漏、笔误或不符合公司要求的情形。尤其当送货时间有问题或出货时间已延迟时，更应与客户再次确认订单内容或更正运送时间。同样地，若采用电子订货方式接单，也须对已接受的订货资料加以检验确认。

3.确认客户信用

不论订单是由何种方式传至公司，配送系统都要核查客户的财务状况，以确定其有能力支付该订单的账款。通常的做法是检查客户的应收账款是否已超过其信用额度。若客户应收账款已超过其信用额度，系统会自动加以警示，以便输入人员决定是继续输入其订货资料还是拒绝其订单。运销部门一旦发现客户有信用问题，则将订单送回销售部门再调查或退回订单。

4.确认订单形态

配送中心虽有整合传统批发商的功能以及有效的物流信息处理功能，但在面对较多的交易对象时，仍需根据顾客的不同需求采取不同做法。在接受订货业务上，表现为具有多种订单的交易形态，所以物流中心应对不同的客户采取不同的交易及处理方式。

（1）一般交易订单

一般交易订单，即接单后按正常的作业程序拣货、出货、发送、收款的订单。其处理方式是接单后，将资料输入订单处理系统，按正常的订单处理程序处理，资料处理完后进行拣货、出货、发送、收款等作业。

（2）间接交易订单

间接交易订单是客户向配送中心订货，直接由供应商配送给客户的交易订单。其处理方式是接单后，将客户发出的资料传给供应商由其代配。此方式须注意的是客户的送货单是自行制作或委托供应商制作的，应对出货资料加以核对确认。

（3）现销式交易订单

现销式交易订单是与客户当场交易、直接给货的交易订单。其处理方式是订单资料输入后，订单资料不再参与拣货、出货、发送等作业，只需记录交易资料即可。

（4）合约式交易订单

合约式交易订单是与客户签订配送契约的交易，如签订某一时间定时配送某数量的商品。其处理方式是在约定的送货日，将配送资料输入系统处理以便出货配送；或一开始便输入合约内容的订货资料并设定各批次的送货时间，以便在约定日期系统自动产生所需的订单资料。

5. 确认加工包装方式

客户订购的商品是否有特殊的包装、分装或贴标等要求，或是有关赠品的包装等资料，系统都须加以确认。

6. 设定订单号码

每一份订单都要有单独的订单号，此单号一般是由控制单位或成本单位来指定的，除了便于计算成本外，还有利于制造、配送等一切相关的工作。所有工作的说明单及进度报告都应附上此单号。

7. 建立客户档案

详细记录客户状况，不但有益于此次交易的顺利进行，而且有益于以后的合作。

8. 订单资料处理输出

订单资料经上述处理后，即可开始印制出货单据，展开后续的物流作业。

（三）拣货作业和补货作业

1. 拣货作业

拣货作业是配送作业的中心环节。所谓拣货，是依据顾客的订货要求或配送中心的作业计划，尽可能迅速、准确地将商品从其储位或其他区域拣取出来的作业过程。拣货作业系统的重要组成元素包括拣货单位、拣货方式、拣货策略、拣货信息、拣货设备等。

拣货作业不仅工作量大、工艺复杂，而且要求作业时间短、准确度高、服务质量好。拣货作业流程为：制作拣货作业单据安排拣货路径—分派拣货人员—拣货。

整个拣货作业所消耗的时间主要包括以下四大部分：订单或送货单经过信息处理，形成拣货指示的时间；行走或搬运货物的时间；准确找到货物的储位并确认所拣货物及数量的时间；拣取完毕后将货物分类集中的时间。

拣货作业最简单的划分方式，是将其分为按订单拣取、批量拣取与复合拣取三种方式。按订单拣取是分别按每份订单拣货；批量拣取是多张订单累计成一批，汇总后形成拣货单，然后根据拣货单的指示一次拣取商品；复合拣取是根据订单的品种、数量及出库频率，确定哪些订单适合按订单拣取、哪些适合批量拣取，然后分别采取不同的拣货方式。

2. 补货作业

补货作业是将货物从仓库保管区搬运至拣货区的工作，其目的是确保商品能保质保量按时送到指定的拣货区。

补货方式主要有整箱补货、托盘补货和从货架上层至货架下层补货三种。补货的时机主要有批组补货、定时补货和随机补货三种。

批组补货是指每天由计算机计算所需货物的总拣取量，并在查询动管区存货量后得出补货数量，从而在拣货前一次性补足，以满足全天拣货量。这种一次补足的补货原则，较适合一日内作业量变化不大、紧急订单不多或是每批次拣取量大的情况。

定时补货是把每天划分为几个时点，补货人员在几个时段内检查动管拣货区货架上的货品存量，若不足则及时补货。这种方式适合分批拣货时间固定且紧急处理情况较多的配送中心。

随机补货是指专门的补货人员，随时巡视动管拣货区的货品存量，发现不足则随时补货。这种方式适合每批次拣取量不大、紧急订单多以及一日内作业量不易事先掌握的情况。

（四）配货作业

配货作业是指把拣取分类完成的货品经过配货检查后，装入容器和做好标示，再运到配货准备区，待装车后发送。配货作业既可采用人工作业方式，也可采用人机作业方式，还可采用自动化作业方式，但组织方式有一定区别。

（五）送货作业

送货作业是利用配送车辆把用户订购的物品从制造厂、生产基地、批发商、经销商或配送中心，送到用户手中的过程。送货通常是一种短距离、小批量、高频率的运输。它以服务为目标，以尽可能满足客户需求为宗旨。送货是运输中的末端运输、支线运输，因此，如何集中车辆调度、组合最佳路线、确定送货顺序、完成车辆积载是配送活动中送货组织需要解决的主要问题。

（六）退调作业和信息处理

1. 退调作业

退调作业涉及退货商品的接收和退货商品的处理。而退货商品的处理，还包含退货商品的分类、整理（部分商品可重新入库）、退回供货商或报废销毁以及账务处理。

2. 信息处理

在配送中心的运营中，信息系统起着"中枢神经"的作用，其对外与生产商、批发商、连锁商场及其他客户等联网，对内向各子系统传递信息，把收货、储存、拣选、流通加工、分拣、配送等物流活动整合起来，协调一致，指挥、控制各种物流设备和设施高效率运转。

物流信息系统的具体功能包括掌握现状、接受订货、指示发货、配送工作组织、结算费用、管理日常业务、补充库存、与外部沟通。

二、跨境电商配送业务流程

（一）备货

备货是配送的准备工作，是配送机构根据客户的要求从供应商处集中商品的过程，包括筹集货源、订货或购货、进货及有关的质量检查、结算和交接等。

（二）境外仓储存

储存是配送的一项重要内容，也是配送区别于一般送货的重要标志，跨境电商物流中的储存一般是储存在境外仓。配送中的储存有储备和暂存两种形态。储备是按一定时期配送规模要求储存合理的数量，是配送的资源保证；暂存是在配送过程中，为方便作业、在理货场所进行的货物储存。一般来说，储备的结构相对稳定，而暂存的结构易于变化；储备的时间相对较长，而暂存的时间相对较短。

（三）分拣及配货

为了满足客户对商品不同种类、不同规格、不同数量的要求，配送中心必须按照配送要求分拣货物，并按计划配货。分拣是对货物按照进货和配送的先后次序、品种规格和数量大小等进行整理的工作，是保证配送质量的一项基础作业，也是完善送货、支持送货的准备性工作。配货是依据用户的不同要求，从仓库中提取货物而形成的不同货物的组合。用户对商品的需求是多元化的，配送中心必须对货物进行组合、优化，合理选用运输工具，方便配送工作，满足用户需求。

（四）配装

配装是指根据运能及线路，充分利用运输工具的载重量和运输容积，采用先进的装载方法，合理安排货物的装载，形成的货物装配组合。在配送中心的作业流程中安排配装，把多个用户的货物或同一用户的多种货物合理地装载于同一辆车上，不但能降低送货成本，提高企业的经济效益，而且可以减少交通流量，改善交通拥挤状况。

（五）配送运输

配送运输是借助运输工具等将装配好的货物送达目的地的一种运输活动，属于末端运输。要提高送货的效率，需要科学合理地规划和确立配送据点的地理位置。就一次送货过程而言，不仅要考虑客户的要求，而且要考虑送达的目的地、运输路线、运输时间以及运输工具等。

（六）送达服务

送达服务是将货物送达目的地后，将货物交付给用户的一种活动，是一项配送活动的结束性工作。交货人员应向用户办理有关交接手续，有效、便捷地处理相关手续并完成结算。

综上所述，配送作业过程的6个环节紧密连接、相互促进和相互制约。因此，要提高配送效率并且提高客户的满意度，就应有效地处理好这些环节之间的衔接关系，特别是要处理好作业过程中的两个关键环节——分拣及配货和配送运输。

第四节 跨境电商物流追踪技术

一、跨境电商物流追踪技术概述

随着以计算机技术、通信技术、网络技术为代表的现代信息技术的飞速发展，人们越来越重视对信息资源的开发和利用，人类社会正从工业时代阔步迈向信息时代。电子商务物流技术的广泛应用，改变了传统的物流管理过程，使物流各节点之间的信息实现实时沟通和共享，提高了物流运作的效率和精确性。

跨境电商和电子商务的联系是显而易见的，两者是特殊与一般、被包含与包含的关系，即跨境电商是电子商务的一种，而且是一种特殊类型的电子商务。电子商务的发展不仅给物流带来了新的发展机遇，而且使现代物流具备了信息化、网络化、智能化、柔性化、虚拟化等一系列新特点。这些特点不仅要求物流向系统化、社会化和高效化发展，而且给物流技术带来了新的变革。跨境电商物流的发展是以电子商务技术和物流技术为支撑的。跨境电商物流技术一般是指与跨境电商物流要素活动有关的所有专业技术的总称，可以包括各种操作方法、管理技能等，如物品包装技术、物品标识技术、流通加工技术、报关技术、多式联运技术等；还包括物流规划、物流设计、物流策略、物流评价等；计算机网络技术的应用普及后，物流技术中综合了许多现代信息技术，如 GIS（地理信息系统）、GPS（全球定位系统）、RFID（射频识别技术）、IOT（物联网）等。

1. 信息化给物流技术带来的变革

现代物流与传统物流的区别主要在于，现代物流有了计算机网络和信息技术的支撑，并应用了先进的管理技术和组织方式，将原本分离的商流、物流、信息流和采购、运输、仓储、代理、配送等环节紧密联系起来，形成了一条完整的供应链。现代物流信息化研究包括现代物流技术手段和方法、物流技术标准、物流作业规范、物流基础设施设备、物流信息交换等方面的研究。没有物流信息化，任何先进的物流技术设备都不可能在物流过程中发挥有效的作用，电子商务物流也有名无实。

2. 网络化给物流技术带来的变革

网络化主要指的是物流技术在物流系统的计算机通信网络与企业内部网的应用。电子商务的发展要与对应的物流系统网络相适应。一是物流系统的计算机通信网络，它不仅要求配送中心与供应商、制造商通过计算机网络联系，而且要求其与下游顾客之间也通过计算机网络联系。二是组织的网络化，即企业内部网。例如，我国台湾省的计算机业在 20 世纪 90 年代创造了全球运筹式产销模式。这种模式基本是按照客户订单，采取分散形式组织生产，将全世界的计算机资源都利用起来，采取外包的形式将一台计算机的所有零部件、元器件、芯片外包给世界各地的制造商去生产，然后通过全球的物流网络将这些零部件、元器件和芯片发往同一个配送中心进行组装，由配送中心将组装的计算机迅速发给客户，这一过程需要高效的物流网络支持。

3. 智能化给物流技术带来的变革

要提高物流作业的效率，先要提高物流作业各个环节的智能化水平，如库存水平的确定、运输（搬运）路径的选择、自动导向车的运行轨迹和作业控制、自动分拣机的运行、配送中心经营管理的决策支持等。在物流自动化的进程中，物流智能化是不可回避的技术难题，它对实现物流的高效化有非常重要的作用。物流的智能化已成为电子商务下物流发展的一个新趋势。随着电子商务的发展和普及，企业对物流系统集成的要求越来越高，这主要取决于软件系统的发展和完善。目前，物流系统的软件开发与研究正朝着集成化物流系统软件与物流仿真系统软件，制造执行系统软件与物流系统软件合二为一的方向及 ERP 系统集成的方向发展。

4. 柔性化给物流技术带来的变革

随着市场变化的加快，产品寿命周期正在逐步缩短，小批量、多品种的生产已经成为企业生存的关键。目前，国外许多适用于大批量制造的刚性生产线正在逐步转变为小批量、多品种的柔性生产线。这种发展趋势要求配送也向柔性化的方向发展，如工装夹具设计的柔性化、托盘与包装箱设计的标准化与输送系统调度的灵活性管理等。

5. 虚拟化给物流技术带来的变革

随着全球定位系统的应用，社会大物流系统的动态调度、动态储存和动态运输将逐渐代替企业的静态固定仓库。物流系统优化是为了减少库存直到零库存，这种动态仓储运输体系借助于全球定位系统，充分体现了未来宏观物流系统的发展趋势；随着虚拟企业、制造技术的不断发展，虚拟物流系统已成为企业内部虚拟制造系统的重要组成部分。

二、跨境电商物流追踪技术及应用

跨境电商的特征要求其更加注重追踪技术的使用以降低成本。因此许多先进技术在物流系统中被采用，如 RFID、EDI、GPS、GIS 等。物流技术不断发展，物流系统不断升级，促使物流业快速发展，直接的效果便是能够更快地满足顾客对商品的需求，从而使交易量大幅度上升，提高了跨境电商的效率。

(一)射频识别技术及应用

射频识别技术(radio frequency identification,RFID)是20世纪90年代开始兴起的一种非接触式自动识别技术,该技术在全世界被广泛使用。

1. 射频识别技术概述

射频识别技术(以下简称RFID)是一项利用射频信号通过空间耦合实现无接触信息传递并通过所传递的信息达到识别目的的技术。简单地说,RFID是利用无线电波进行数据信息读写的一种自动识别技术或无线电技术在自动识别领域的应用。

射频识别技术具有可非接触识别(识读距离可以十厘米至几十米)、可改写标签信息、可识别高速运动物体、抗恶劣环境、保密性强、可同时识别多个对象等突出特点。

目前,RFID技术在物体跟踪方面已经有了广泛的应用。

2. RFID系统的组成与原理

射频识别系统在具体的应用过程中,根据不同的应用目的和应用环境,系统的组成会有所不同,但从射频识别系统的工作原理来看,系统一般都由信号发射机、信号接收机、发射接收天线三部分组成。

(1)信号发射机(射频标签)

在射频识别系统中,出于不同应用目的,信号发射机会以不同的形式存在,典型的形式是标签。标签相当于条码技术中的条码符号,用来储存需要识别、传输的信息。另外,与条码不同的是,标签必须能够自动或在外力的作用下,把储存的信息主动发射出去。标签一般是带有线圈、天线、储存器与控制系统的低电集成电路。

(2)信号接收机(读写器)

在射频识别系统中,信号接收机一般称为读写器。读写器一般由天线、射频模块、读写模块组成,基本功能是提供与标签进行数据传输的途径。另外,读写器还提供相当复杂的信号状态控制、奇偶错误校验与更正功能等。

（3）发射接收天线

天线是标签与读写器之间进行数据发射、接收的装置。在实际应用中除了系统功率，天线的形状和相对位置也会影响数据的发射和接收，需要专业人员对天线进行设计。

RFID 读写器通过天线发送出一定频率的射频信号，当标签进入磁场时产生感应电流从而获得能量，发送出自身编码等信息，这些信息被读写器读取并解码后送至电脑主机，进行有关处理。

3. RFID 在跨境电商物流中的应用

随着跨境电商物流量的增加，传统的人工配送效率低下、出错率高等特征日益明显。

RFID 的主要功能是提供配送任务以及配送的路线，其主要表现在货物出库、入库、盘点、网络物流跟踪以及物流退换货等流程上。工作人员可以通过查询 RFID 系统的信息，了解网络销售信息，将仓库里带有电子标签的物品验收后运出，然后根据 RFID 提供的配送路线进行发货和运输，每个停留驻地都设有读取器，通过 RFID 的输入功能获取物品的所在位置，对销售物品进行实时定位，并且运达客户端。多商品运输时，RFID 技术可以提高扫描效率，缩短配送时间。

（1）入库

电子商务配送的入库业务主要包括进货单和补货单的确认、电子商务货物的分拣、电子标签的添加、货物上架以及更新货物信息等环节。RFID 系统的使用，在确保信息的准确性和及时性的条件下实现了很多检查和信息更新的工作，无须人工参与，极大地提高了电子商务货物入库的效率。与此同时，也降低了电子商务货物的损耗，在一定程度上提高了货物的质量，进而控制了电子商务货物的入库风险。

（2）出库

出库业务基本上与入库业务相反，通过网络指挥调度中心的出库命令，系统将货物的相关信息提供给货物出库的操作者，出库信息管理系统将出库信息传送给叉车及相关运输设备,完成货物的下架和搬运。在货物出库后,系统将会对库中货物的信息进行自动更新。

(3)物品盘点

传统的物品盘点不仅需要大量的劳动力,还需要宝贵的时间。而 RFID 技术直接通过 RFID 读取器,对物品进行定期或者不定期的扫描检查,可以准确迅速地获取物品的信息。此外,RFID 系统还可以通过读取的信息自动生成盘点报告,有利于及时发现和解决问题。不仅解决了传统盘点中烦琐的记录、清点工作,还自动提供报告,实现了物品盘点的自动化操作。

(4)网络物流跟踪

网络物流跟踪主要包括车载 GPS 终端信息接收、GPS 卫星定位以及车载信息的采集,其中车载信息的采集通过 GPRS(通用分组无线服务技术)通信上传到电子商务配送指挥调度中心。RFID 可以随时查询车载的货物信息,并自动核对,将结果上传给管理者,确保货物的安全。一旦发现运输过程中货物丢失或者被盗,就进行紧急处理,控制电子商务配送的风险。

(5)RFID 物流退换货

物流的退换货是逆向物流的重要内容之一。RFID 物流的退换货可以直接联系附近的服务店,通过追踪商品的交易信息及流动过程,判断是否可以退换货。如果达到退货或者换货标准,就应该将信息及时反馈给物流中心。如果是退货,在线销售商需要收集退货商品,并进行回收、结算和退款,然后将商品运输到生产厂商。如果是换货,也需要计算货款差价,将退回的货物进行逆向配送返回厂商,同时将更换的商品再次运输到物流中心,并配送给消费者。

(二)电子数据交换技术及应用

1.电子数据交换技术的含义

电子数据交换技术(EDI)是一种利用计算机进行商务处理的新方法,它将贸易、运输、保险、银行和海关等行业的信息转换成一种国际公认的标准格式,使各有关部门、公司和企业通过计算机通信网络进行数据交换和处理,并完成以贸易为中心的全部业务过程。

2. EDI系统的组成

EDI系统主要由数据标准化、EDI软件和硬件、通信网络三个要素构成。一个部门或企业若要实现EDI,首先必须有一套计算机数据处理系统;其次,为使本企业内部数据比较容易地转化为EDI标准格式,须执行EDI标准。另外,通信环境的优劣也是影响EDI成败的重要因素之一。由于EDI是以事先商定的报文格式进行数据传输和数据交换的,所以,制定统一的EDI标准至关重要。

3. EDI在跨境电商物流过程中的应用

跨境电商企业需要处理报关、退税、商检、订单等一系列交易问题,其中就涉及EDI技术的使用。现代物流中电子数据交换主要应用于单证的传递、货物送达的确认等,应用电子数据交换传输的单证种类有托单、运单、对账单、采购单、发票、到货通知单、交货确认单。EDI接收从客户EDI系统传来的托单、合同等信息和从银行EDI系统送来的信用证信息,完成向关境发送报关单信息、向供应商EDI系统发送采购订单信息等,从而实现贸易伙伴之间的信息传输。

(三)地理信息系统技术及应用

1. 地理信息系统的含义

GIS的基本功能是将表格型数据(无论它是来自数据库、电子表格文件还是直接在程序中输入)转换为地理图形显示,然后对显示结果进行浏览和分析。其显示范围可从洲际到街区,显示对象包括人口、销售情况、运输线路以及其他内容。

2. GIS的组成

GIS主要由四部分组成:计算机硬件系统、软件系统、空间地理数据库、GIS系统维护及使用人员。

3. 地理信息系统在跨境电商物流中的应用

跨境电商离不开传统物流,GIS使传统流通企业在运作方式、技术、管理水平和经营理念上发生了根本性变化，使物流表现出许多新的特点，如信息化、自动化、网络化、智能化、柔性化。将 GIS 引入跨境电商下的物流管理中，符合 GIS 和电子商务的特点，也符合物流业的发展。

GIS 具有强大的数据管理功能，所储存的信息不仅包括以往的属性和特征，还具有统一的地理定位系统。因此能将各种信息进行复合和分解，形成空间和时间上连续分布的综合信息，支持各种分析和决策。这是其他信息系统所不具备的优势之一。

（1）交通路线的选择

跨境电商的物流，涉及物体的空间转移，运输和仓储占中间成本的 70% 以上，因此交通运输方式及路线的选择直接影响着物流成本。这都属于空间信息的管理，也正是 GIS 数据管理的强项。在基于 GIS 的物流分析中，最优路径的选择首先要确定影响最优路径选择的因素，如经验时间、几何距离、道路质量、拥挤程度等，采用层次分析法，确定每条道路的权值。物流分析中的路径可以分为三种情况：两个特定的地点之间的最佳路径；一个地点到任意点之间，从一个地点到多个地点之间，车辆数量以及行驶路线选择；网络中从多个地点运往多个地点的最优路径选择配对。

对于前两种情况都可以采用经典的 Dijkstra 算法（迪杰斯特拉算法）实现。对于第三种情况，可以采用管理运筹学的运输模型结合 Dijkstra 算法实现，可以选用 Floyd 算法（弗洛伊德算法）或是根据著名的旅行商问题（或货郎担问题）的解法求解。在求得最优路径的基础上，再根据现有车辆运行情况确定车辆调配计划。

（2）机构设施地理位置的选择

对于供应商、配送中心、分销商和用户而言，需求和供给两方面都存在着空间分布上的差异，此外供应商和分销商的服务范围和销售市场也具有一定的空间分布形式，因此物流设施的布局是电子商务物流管理所必须面对的问题。其合理程度直接影响着利润。

机构设施地理位置的选择包括位置的评价和优化。评价是对现有设施的空间位置分布模式的评价,而优化是对最佳位置的搜索。地理位置的合理布局实质上就是在距离最小化和利润最大化两者之间寻求平衡点。现有的针对市场功能区域进行空间分析和模拟的模型很多,如 Batty 的裂点方程、Peily 的零售重力模型、Tobler 的价格场和作用风以及空间线性优化模型。

（3）车辆运输动态管理

GIS 能接收 GPS（全球定位系统）数据,并将 GPS 数据显示在电子地图上,这能在很大程度上帮助企业动态地进行物流管理。GPS 能广泛地应用于汽车的定位、跟踪、调度等方面,能极大地避免物流的延迟和错误运输的现象,货主可随时对货物进行全过程跟踪和定位管理。

（四）全球定位系统技术及应用

1. 全球定位系统的含义

全球定位系统（以下简称 GPS 系统）具有在海、陆、空进行全方位实时三维导航与定位的能力。

2. GPS 系统的组成

GPS 系统由三部分组成:空间星座部分、地面监控部分和用户设备部分。

（1）空间星座部分

GPS 的空间星座部分由 24 颗工作卫星组成,它位于距地表 20 200 千米的上空,均匀分布在 6 个轨道面上（每个轨道面 4 颗）,轨道平面相对于赤道平面的倾角为 55°,各轨道平面之间的夹角为 60°。此外,还有 3 颗备用卫星沿轨道运行。卫星的分布使得全球任何地方、任何时间都可以观测到 4 颗以上的卫星,这就提供了在时间上连续的全球导航能力。

（2）地面监控部分

地面监控部分由一个主控站、五个全球监测站和三个地面控制站组成。全球监测站均配装有精密的能够连续测量到所有可见卫星的接收机。全球监测站将取得的卫星观测数据,包括电离层和气象数据,经过初步处理后,传送到主控站。主控站从各检测站收集跟踪数据,计算出卫星的轨道和时钟参数,然后将结果送到三个地面控制站。地面控制站在每颗卫星运行至上空时,把这些导航数据及主控站指令注入卫星。对每颗 GPS 卫星每天进行一次注入，并在卫星离开注入站作用范围之前进行最后的注入。如果某地地面站发生故障，那么在卫星中预存的导航信息还可用一段时间，但导航精度会逐渐降低。

（3）用户设备部分

用户设备部分即 GPS 信号接收机。其主要功能是能够捕获到按一定卫星截止高度角所选择的待测卫星，并跟踪这些卫星的运行。当接收机捕获到跟踪的卫星信号后，即可测量出接收天线至卫星的伪距离和距离的变化率，解调出卫星轨道参数等数据。根据这些数据，接收机中的微处理计算机就可以按定位算方法，计算出用户所在地理位置的经纬度、高度、速度、时间等信息。

3. GPS 在跨境电商物流领域的应用

GPS 在跨境电商物流领域可应用于汽车自定位、跟踪调度以及铁路、船舶运输等方面的管理。

（1）在汽车自定位、跟踪调度方面的应用

利用 GPS 的计算机管理信息系统，可以通过 GPS 和计算机网络实时收集全路汽车所运货物的动态信息，可实现汽车、货物追踪管理，并及时进行汽车的调度管理。

（2）在铁路、船舶运输方面的管理

随着中国与世界各国经济贸易量的持续增长，对商品的可视化管理将成为消费者和供应商关注的重点。利用 GPS 计算机管理信息系统，可实时收集全航线的列车、船只、车辆、集装箱及所运货物的动态信息，实现运输工具、货物的追踪管理。只要知道某货车的车牌号，就可以得知这辆货车现在何处运行或停在何处，以及所有的车载货物发货信息。全球跟踪定位技术可大大提高货车的路网通行能力及其运营的透明度，为货主和消费者提供更高质量的服务。

第四章 跨境电商供应链战略管理

第一节 跨境电商供应链的重要性

跨境电商相对于国内电商和普通企业而言，所涉及的实体更多、载体更丰富、周期更长、系统更复杂，因此有效的供应链管理对跨境电商能否在竞争中取得成功至关重要。许多企业的成功可以用来说明供应链的设计必须顺应技术和顾客的需求，出色的供应链设计、计划和运作具有其重要性，而一些电商企业的失败也可以归咎为供应链设计和计划方面的缺陷。

一、供应链对综合跨境电商平台的重要性

供应链对综合跨境电商平台能否取得成功至关重要，某平台的发展历程提供了一个有力实证。该平台发展初期的目标市场定位于欧美，是出于以下几个方面的考虑：其一，中国和欧美国家贸易频繁，一些欧美买家已经养成了采购中国产品的习惯；其二，金融危机后欧美买家呈现碎片化的采购趋势，使该平台能够满足他们小批量、多频次的采购需求；其三，英语网站的筹备相对容易，且能够覆盖欧美大部分国家。然而，该平台在实际运营中发现，有越来越多的买家是来自俄罗斯、巴西等新兴市场。经调查分析，一些新兴市场所在国家一方面工业基础薄弱，对外国商品有依赖的倾向；另一方面新兴市场所在国家的线下商品流通不充分，线上电商零售也不成熟。于是，该平台瞄准新兴市场消费人群，在新兴市场所在国家加大市场推广，并积极上线了俄罗斯语和西班牙语网站。这样，通过目标市场的定位，该平台不仅避

开了与世界电商巨头的正面竞争，也使得自身快速发展成为一家领先的B2C跨境电商平台。

出于对市场的预测和对定位消费者的理解，该平台对其供应链做出了适当的调整，从小额在线外贸批发平台全面转型为面向海外的购物平台，即从B2B转型为B2C。这个转型可以说非常具有前瞻性，我们不妨对这两种平台模式进行分析。小额在线外贸批发平台上，整个供应链其实是B2B2C模式，即从国内工厂或批发商到国外批发商或零售商再到国外消费者；而海外购物平台上，整个供应链是B2C模式，即从国内工厂或批发商直接到国外消费者。可见，相对于小额在线外贸批发模式，海外购物平台直接省去了"国外批发商或零售商"环节，让终端消费者可以直接购买到中国工厂或批发商销售的商品。该平台之所以风靡全球，就是因为其压缩了供应链，降低了流通环节成本，依靠自己出色的供应链设计、计划和运作获得了巨大的成功。

二、供应链对跨境电商实体企业的重要性

供应链对跨境电商实体企业能否取得成功更为重要，另一个说明跨境电商顺应技术和顾客需求修改供应链从而取得成功的例子是某美国电子设备企业。其现任首席执行官库克刚加盟该企业时，该企业的供应链设计效率非常低。就拿其主打产品计算机来讲，零部件供应商在亚洲、组装厂商在爱尔兰，并且有很多库存，其供应链设计为从亚洲购买原材料，运往欧洲的加工厂进行加工、组装成品，再发往亚洲销售，这样的供应链成本很高。之后库克对其供应链的设计进行了修改，秉承计算机行业的最佳实践，开始搭建该企业的供应链。他关掉在美国和爱尔兰的生产设施，启用亚洲的合同制造商、建立实时（Just in Time）库存系统，通过这些举措使得该企业的利润大幅增加。

某国内手机企业取得的巨大成就也可以用来说明供应链的重要性。该企业在成立三年之后被评估价值为100亿美元，成为中国第四大互联网公司。在成长时间如此短暂、市场竞争如此激烈的情况下，该企业为何能够取得如此骄人的成绩？一个重要因素在于其供应链模式的创新。一方面，该企业采

取 C2B 预售模式，实现了零库存的管理。对于广大跨境电商来说，高库存几乎成为一个挥之不去的梦魇，对企业的发展乃至生存都构成极大挑战。由于企业供应链管理滞后，上下游协调不畅，不能快速响应，以致引发高库存，企业资金的周转率和使用率下降，导致企业无法大量更新产品，销售下滑，资金问题加剧，很多企业陷入亏损的泥潭。而该企业的供应链是快速响应的，同时能够规避高库存风险。该企业在日常经营中没有设置实体专卖店，而是通过电子商务的形式在网上进行预售。消费者要想购买手机，就必须先上网预订，然后该企业根据用户的需求进行按需生产，并及时配送到消费者手中。这种 C2B 的预售模式，精确了产品的生产数量，避免了高库存风险。同时由于是预售模式，该企业可以在生产之前就收到货款，实现了资金的快速回笼，解决了前期需要融资的难题。另一方面，在于其精简的供应链。传统手机的供应链有研发组、供应商、代工工厂、核心企业、一级代理商、二级代理商、终端代理商、顾客等。产品下线后需要放到产品库，依据各个销售合作伙伴的采购订单进行销售配送，然后再由他们分发到各个终端零售网点进行销售。过多的供应链环节，自然带来较高的经营成本。而该企业的供应链非常精简，只涉及研发组、供应商、代工工厂、核心企业、顾客几个环节。在供应链上，该企业减少了中间代理商和中间流转环节。由于供应链的缩短，该企业减少了巨大的经营成本，相应带来更多的收益。首先是中间环节的显性成本消失，如行政管理成本、营销销售成本、政府税收等环节成本的减少。没有了这些成本，产品的售价必然有降低的空间。其次，供应链管理的隐性成本降低。供应链的缩短，使得供应链管理变得更加简单、有效。

三、供应链对跨境社区电商的重要性

供应链对跨境社区电商能否取得成功同样重要。很多公司的失败都归咎于它们未能设计适当的供应链或者是未能对供应链流程进行有效管理。供应链中逻辑关系、预测和计划体系、供应链准则、供应链预测、供应链抗风险策略等能力的缺失都可能导致跨境电商的失败。

第二节 跨境电商的供应链战略

跨境电商供应链战略是指从企业战略的高度来对全球供应链进行全局性规划,确定原材料的获取和运输、产品的制造或服务的提供以及产品配送和售后服务的方式与特点。跨境电商供应链战略突破了仅仅关注企业本身的局限,通过在整个供应链上进行规划,进而实现为企业获取竞争优势的目的。跨境电商供应链战略管理所关注的重点不是企业向顾客提供的产品或服务本身给企业增加的竞争优势,而是整个全球供应链流程所创造的价值给企业增加的竞争优势。

跨境电商供应链的目标都应该是供应链整体价值最大化,也就是追求整体供应链剩余最大化。跨境电商供应链剩余是指最终产品对顾客的价值与供应链为满足顾客需求所付出的成本之间的差额。它由两部分构成,一是消费者剩余,即产品对于顾客的价值与顾客所支付的价格的差额。二是供应链盈余,即顾客支付的价格与供应链成本之间的差额。例如,一位顾客花 100 美元从电商平台上购买充电器,这 100 美元就代表了供应链获得的收入,显然,顾客对这个充电器所愿意支付的价格大于或等于 100 美元,多出来的部分由消费者以消费者剩余的方式获得,消费者剩余越多,其在这次购物中感受到的快乐或满足就越多,其余部分则以供应链盈余的形式保留在供应链中。本例中,消费者支付的 100 美元与供应链总成本之间的差额为供应链盈余,是供应链中所有环节和中间商所共享的总利润。对于大部分以盈利为目的的供应链来说,供应链盈余与利润之间存在很强的关联。供应链是否成功,应当由供应链总体盈利而不是单个环节的盈利来衡量,供应链总体盈利越高,供应链就越成功,而过分追求个别环节的盈利很可能导致整体供应链利润的减少。

跨境电商供应链的收入只有来自消费者,消费者在电商平台购买充电器时所付的价格是供应链的收入来源,其他环节所有的现金流都只是供应链内部的资金的交换或者说是内部资源配置的移动。跨境电商供应链战略追求的就是供应链剩余最大化,对于如何提高供应链剩余可以从两个大方向上去把握:首先应该提高产品对于顾客的价值;其次是如何从消费者那里获得更高的剩余,这部分剩余是消费者所支付的价格与供应链总成本的差额,所以想要从消费者支付的价格中获得更多的收入就必须控制成本。在一条供应链中,由于所有的信息流、产品流和资金流都会产生成本,因此有效的跨境电商供应链管理应该包括对供应链资产的管理、库存的管理、物流的管理,这样,实现供应链总剩余的最大化的方法就变得十分重要。具体来说,跨境电商供应链涉及不同层次、存在不同动力机制、追求不同的战略目标,因此,跨境电商供应链战略主要体现为层次论、动力论和目标论三种。

一、跨境电商供应链层次论

成功的跨境电商供应链管理需要制定与信息流、产品流和资金流相关的各种决策,这些决策根据其战略重要性和影响的时间跨度可以分为三个层次:供应链全局设计、经营计划和具体运作。全局设计阶段限定或者说确保了好的经营计划,而经营计划则又限定或者确保了有效的具体运作。

(一)跨境电商供应链全局设计

在这个阶段,公司决定如何构造供应链、供应链的配置以及供应链的每个环节或组织执行什么样的流程。这些决策通常也称为战略供应链决策。公司的战略决策包括生产和仓储设施的位置和能力,在各个地点制造或存放的产品,根据不同交货行程采用不同的运输模式以及将要使用的信息系统的类型。公司必须保证供应链配置支持这一系列的战略目标。

(二)跨境电商供应链经营计划

在供应链配置确定之后,公司需要有相应的供应链计划,即要制定一整套控制短期运作的运营政策,这一阶段的决策必须满足既定战略供应链配置的约束。计划从预测未来一段时间跨度的市场需求开始,包括决定哪个地点供应哪些市场、计划库存多少、是否外协制造、补货和库存政策、备货点设定以及促销时间和规模等一系列相关的政策。

（三）跨境电商供应链具体运作

这一阶段的决策时间是"周"或"天"，企业根据既定的供应链计划做出具体的实现客户订单的有关决策，其目的是以尽可能好的方式实施供应链计划。在这一阶段，公司分派订单给库存或生产部门、设定订单完成日期、生成仓库提货清单、指定订单交付模式、设定交货时间表和发出补货订单。由于供应链运作是短期决策，通常具有更小的需求不确定性，因此，运作决策的目的就是要利用这种不确定因素的减少，使得供应链在配置和计划政策的约束下取得最优性能。

二、跨境电商供应链动力论

根据跨境电商动力来源的不同可以将跨境电商供应链分为推动式供应链、拉动式供应链和推拉混合式供应链。

（一）推动式跨境电商供应链

推动式供应链是以企业自身产品为导向的供应链，有时也称为产品导向或库存导向供应链。这种供应链始于企业对市场的预测，然后制造所预测的产品，并推向市场。推动式供应链的运作模式是依据制造商本身对市场的预测，如果能成功地预测市场需求，就能成功地销售产品，企业就会获得成功；相反，如果对市场预测得不准确，就意味着失败。当制造商对商品市场预测偏低时，就会供不应求，整体利润减少；相反，如果制造商对商品的市场预测偏大时，就会层层退货，导致企业负担过重。推动式供应链模式是以制造商的生产计划、分销计划为前提进行的，虽然也进行过市场预测，但并不能十分准确地把握市场，因而这种供应链的运营模式所产生的商业风险是不可低估的。

（二）拉动式跨境电商供应链

拉动式供应链是以企业获得订单为前提，企业根据所获得的订单来进行生产，所以又称为客户导向或订单导向供应链。这种供应链起始于企业收到客户的订单，并以此引发一系列供应链运作，这是以销定产模式，所以重点是拉到客户，再以客户需求为导向进行生产、采购、外包等一系列活动。采用这种模式的供应链，增加了企业控制市场的能力，能够使企业适应复杂多变的市场，使企业运营处于一种良性状态，同时节约企业运营所需的资金量，从而节约企业运营成本，有效地增进客户服务。事实上，一般的跨境电商并不能完全满足顾客的体验要求，因为企业并不能在接到订单后再组织生产和配送，所以很难应用拉动式供应链，但是采取定制模式的供应链可以采用拉动式供应链。

对一个特定的产品而言，采用什么样的供应链战略不仅要考虑来自需求端的不确定性问题，而且还要考虑来自企业自身生产和分销规模经济的重要性。在其他条件相同的情况下，需求不确定性越高，就越应当采用根据实际需求管理供应链模式——拉动战略；相反，需求不确定性越低，就越应当采用根据长期预测管理供应链模式——推动战略。

（三）推拉混合式跨境电商供应链

由于推动式供应链和拉动式供应链各有其优缺点及不适用的范围，所以在实际应用中，核心企业会根据需要将两种模式结合形成新的推拉混合模式，以求将两种模式的优点互补、缺点互避。

实践中可以将顾客的需求作为分界点分别采取推、拉两种不同的运作模式，在分界点之前，按推动式的大规模通用化方式和需求预测组织生产以形成规模经济；在分界点之后，首先将产品的后续分级、加工、包装和配送等过程延迟，待切入顾客的需求信息并接到订单后，根据实际订单信息，尽快将产品按客户的个性化或定制要求分级、加工及包装为最终产品，实现对顾客需求快速而有效的反应。比如某生产T恤的厂商先按照推动式的大规模生产、裁缝成品但并未给衣服染色，而是在接到个性化的订单后再按照拉动的方式进行染色，可见，分界点之后实施的是拉动式差异化整合模式。

当然，顾客需求分界点的位置是可调整的。当分界点向供应链上游方向移动时，顾客的需求信息会较早地被切入生产过程，产品同质化生产阶段会相应缩短，从而扩大按订单执行生产供应活动的范围；若将切入点向供应链下游方向移动，产品的个性化培育时间则会被推迟，相应地延长规模化时段。在实践中，顾客需求切入点的位置一般根据产品生产的特征和市场需求的特点等情况进行调整。

三、跨境电商供应链目标论

根据产品的生命周期、需求稳定程度及可预测程度等可以将生产的产品分为两大类，即功能型产品和创新型产品。功能型产品包括可以大量从零售店买到的主要商品，这些产品满足基本需求，即需求稳定且可以预测，并且生命周期较长。但是稳定性意味着竞争较激烈，进而导致利润较低。创新型产品是指为满足特定需求而生产的产品，企业在产品样式或技术上进行创新以满足顾客的特殊需求。尽管创新型产品能使企业获得较高的利润，但是创新型产品的新颖程度却使需求变得不可预测，而且产品的生命周期一般较短。与此相对应，可以将供应链战略划分为两类——效率型供应链战略和响应型供应链战略。

（一）效率型供应链战略

效率型供应链战略是指强调以最低的成本将原材料转化为零部件、半成品、成品，以及在供应链运输中的供应链战略，主要适用于功能型产品。由于功能型产品的需求可以预测，生产该类产品的企业可以采取共用措施降低成本，在低成本的前提下妥善安排订单、完成生产和产品交付，使供应链存货最小化和生产效率最大化。

（二）响应型供应链战略

响应型供应链战略是指强调快速对需求做出反应的供应链战略，所对应的产品是创新型产品。这是因为创新型产品所面临的市场是非常不确定的，产品的生命周期也比较短，企业面临的重要问题是快速把握需求的变化并能够及时对变化做出有效反应以适应需求的变化。许多跨境电商经营的产品都属于时尚类产品，需求变化快，而且一旦畅销，其单位利润就会很高，随之会引来许多仿造者，基于创新的竞争优势会迅速消失，因此，产品的生命周期较短。这类产品的供应链应该考虑的是供应链的响应速度和柔性，只有响应速度快、柔性程度高的供应链才能适应多变的市场需求，而实现速度和柔性的费用则退为其次。

第三节　跨境电商供应链战略与竞争战略关系

竞争战略核心问题是在企业总体战略的制约下，指导和管理具体战略经营单位的计划和行动。跨境电商供应链管理服务于企业的竞争战略，核心问题是如何通过处理好顾客需求、竞争者产品与本企业之间的关系，来奠定本企业产品在市场上的特定地位并维持这一地位。供应链战略是公司战略的有机组成部分，与公司产品开发战略和市场营销战略并列为三大职能战略，共同支撑公司的竞争战略。其中，产品开发战略主要用于明确企业所要开发的新产品组合，以及明确开发是企业内部进行还是外包出去；市场营销战略强调如何对市场进行细分。

一、供应链与竞争优势

竞争战略与供应链战略之间的关系集中体现在企业的价值链上。价值链始于新产品的开发，它创造了各种规格的产品。市场营销通过公布产品属性和服务水平来吸引顾客的需求，还将顾客的偏好用于新产品的研发。生产部门利用各种新技术，将投入转变为产出，制造产品。服务是对顾客在购物期间或购物之后各种需求的反馈。这些都是成功企业所必须具备的核心职能。其中供应链管理至关重要，供应链对竞争优势的作用主要体现在供应、运营和物流三个方面。为了执行竞争战略，所有上述职能都会发挥作用，每一种职能都必须制定自身的战略并共同服务于企业的竞争战略。供应链战略还可以分解为供应战略、运营战略和物流战略。

（一）供应战略与竞争战略

供应战略是供应管理部门在现代供应理念的指导下，为实现企业战略目标，通过对供应环境的分析，对供应管理工作所做的长远性的谋划和战略。供应战略作为企业的一种重要的职能层次战略，是整个供应规划各方面内容的中心线索和指导方针，所以在供应战略的选择过程中就应考虑各个层次的重点内容，并总体上应该与企业的长期竞争战略相一致。另外，战略选择过程往往要在众多的因素中取舍，因此一定要重点突出。反过来，供应战略一经选定，则供应规划在各个层次都要在战略选择的指导下进行。供应管理理念是对供应战略的提炼和概括，简洁地体现供应战略本质；供应管理目标是供应战略的具体化和量化；供应管理策略是供应战略各个局部或方面的战术上的深化；而行动方案则是更进一步对战略、目标和策略详尽的落实。

（二）运营战略与竞争战略

运营战略是运营管理中最重要的一部分。运营战略是指在企业经营战略的总体框架下，如何通过运营管理活动来支持和完成企业的总体战略目标。运营战略可以视为使运营管理目标和更大的组织目标协调一致的规划过程。运营战略涉及对运营管理过程和运营管理系统的基本问题所做出的根本性谋划。由此可以看出，运营战略是为支持和完成企业总体战略目标服务的。运营战略的研究对象是生产运营过程和生产运营系统的基本问题，所谓基本问题包括产品选择、工厂选址、设施布置、生产运营的组织形式、竞争优势要素等。运营战略的性质是对上述基本问题进行根本性谋划，包括生产运营过程和生产运营系统的长远目标、发展方向和重点、基本行动方针、基本步骤等一系列指导思想和决策原则。

（三）物流战略与竞争战略

物流战略是指为寻求物流的可持续发展，就物流发展目标以及达成目标的途径与手段而制定的长远性、全局性的规划与谋略。在一定时间内频繁、少量运输或即时运输这种高水准的物流服务将逐渐普及，并成为物流经营的一种标准。物流战略的作用基本表现在以下三个方面。

1. 降低系统成本

单个企业或者企业集群都可以被称为"系统",物流战略的着重点不应该是企业局部成本最小化,而应该是系统成本最低,实现这一目标需要系统成员共同努力,并一同分享由效率的提高而带来的价值。

2. 加快反应速度

通过跨企业的协同反应,加快供应链上资金流、信息流和产品流的运行速度,一方面可以为顾客提供更多更及时的服务,另一方面产品的流通速度加快也可以减少库存的占用成本。

3. 创造增值服务

系统成本的降低,直接为各种系统成员创造价值,除了快捷的反应时间价值外,成本降低还可以给企业提供一个良好的条件,即面向顾客创造更多的增值服务。例如,中国名列前茅的某电子商务公司,之所以能够取得如此傲人的成绩与其物流战略密不可分。

二、供应链战略与竞争战略的匹配

要实现供应链战略与竞争战略的匹配,企业的竞争战略与供应链战略必须具有相同的目标,即企业竞争战略所希望满足的顾客至上与供应链战略旨在提高的供应链能力要保持一致。企业想要实现战略匹配必须满足下列条件:一是竞争战略必须与所有的职能战略相匹配,以形成协调统一的总体战略,并且每一个职能战略都必须对其他的战略形成支持,帮助企业实现竞争战略的目标;二是企业内部的各个职能部门必须合理地配置本部门的流程和资源,以确保成功地执行这些战略;三是供应链的整体设计与各环节的作用必须协调一致,以支持供应链战略。

竞争战略的确立会明确企业希望满足的一个或者多个顾客群,而供应链战略确定原材料的获取和运输、产品的制造或服务的提供以及产品配送和售后服务的方式与特点。要获得供应链战略与竞争战略的匹配,企业必须保证其供应链能力会支持企业满足目标顾客群的能力。一般来说,企业需要完成以下三项工作。

（一）有效把握需求的不确定性

一家企业首先必须理解每个目标顾客群的需求，以及在满足这些需求的过程中，供应链所面临的不确定性。这些顾客群的需求帮助企业决定供应链的服务要求和成本类型。供应链不确定性有助于企业识别供应链必须面对的需求、中断和延误的不可预知性。竞争的核心是满足顾客需求，相对于传统的贸易而言，跨境电商的特点是直接与国外消费者打交道，因而准确地把握终端顾客的需求变得十分重要。总的来说，对顾客需求的预测可以依据以下几个方面来进行：

1. 产品的价格

产品的价格越高，需求的不确定性就越大。因为产品的单价占消费者可支配收入的比重越大，消费者就越重视这件商品，相应地，消费者对商品的要求就会越高，需求的不确定性就会越大。

2. 单次购买产品批量

单个消费者的订单可能会很小，而一个企业或大型组织的订单可能会很大。比如单个消费者可能只需要订购一台电脑就能够满足需求，而对于一个企业或组织来说，可能就需要 100 台电脑才能满足需求，订单中需求数量的增加，将会增加需求的不确定性，因为更大的需求数量也意味着更大的需求变化。

3. 产品种类的丰富程度

顾客需求的产品种类增加，将会增加需求的不确定性，因为产品种类的增加会增加顾客对每种产品的需求。比如提供一款时装的商家就会比提供种类繁多的商家面临更少的不确定性，因为产品的种类单一，所以其面对的消费群体可能也比较单一，需求的不确定性也小。

4. 产品更新换代的速度

产品更新换代的速度快将会增加需求的不确定性，一方面在物质极大丰富的今天，今天还流行的产品，明天可能就会面临被淘汰的危险，这就增加了需求的不确定性；另一方面，产品的更新速度快，则产品的生命周期就比较短，希望在短时间内准确地把握顾客的需求就会比较困难，这就增加了缺货的风险，同样增加了需求的不确定性。

5. 所需的服务水平

这里的服务水平可以指产品的可获得性水平，即对供应链响应能力的要求，也可以指对产品质量的要求。下紧急订单的顾客期望得到高水平的产品可获性，如果订单里的所有零件不是马上就能全部买到，这个顾客就很可能另寻卖家。简而言之，紧急订单所允许的响应时间会很短。例如，仅面向紧急订单提供订货服务的企业所面临的需求不确定性就远远高于较长的供货期提供同样产品的企业，因为后者有机会在更长的供货期内履行订单义务。随着供应链服务水平的提升，必须满足的实际需求的比例将逐渐增加，这就迫使供应链为特定的需求高峰做好准备。因此，服务水平的提升会增加需求的不确定性。

供应链需求的不确定性也受到产品所处生命周期的影响。因为新产品的设计和生产工艺仍处在不断改进的阶段，所以新产品的不确定性较高，相反，成熟产品的不确定性较低。全球化在为供应链增加了机会的同时也带来了风险，比如各国汇率、大宗商品价格、全球需求的不确定性等很多因素都会带来程度不一的风险，而这些因素都会影响供应链的绩效，所以在设计供应链时，充分考虑到这些不确定因素的企业应该会比那些忽略了这些因素的企业表现得更好。很明显，企业要想保持战略协调能力，就必须考虑来自全球的风险和不确定性。

（二）提高供应链响应能力

接下来，企业需要解决的问题是在不确定性面前如何才能满足顾客的需求，即建立何种供应链战略，才能使企业在面临不确定性时能最好地满足其设定的需求目标，这也是进行战略匹配的目的所在。接下来应该考虑供应链的特征，并根据能够影响供应链的响应能力和效率特征的因素对供应链进行分析。供应链响应性包括供应链完成下列各项任务的能力：

1. 提高对需求的柔性

所谓提高对需求的柔性是指企业在不同的需求下进行生产运作的能力的

提升。当制造企业面临巨大的竞争压力时，对市场需求的变化必须有足够的应变能力。企业的柔性生产能力是可以让企业加强这种应变能力的有效手段之一，与其说柔性生产是一种生产方式，不如说是一种全新的制造理念，它适用于品种多、批量小、交货期严格的订单生产。

2. 缩短供货期

以某快速时尚品牌为例，在一个消费者需求变化无常的行业内，该品牌通过实施快速响应战略，凭借缩短供货期，该品牌每周都可以使在销服装比其他竞争对手的服装更贴近消费者的喜好。其结果是，该品牌的服装大部分是全价销售的，而与其类似的竞争对手的服装有一半是减价销售的。

3. 提供多种类的产品

我们以某电商平台为例，该平台通过调研发现，在俄罗斯，中国制造的婚纱产品仅仅在网上销售，并没有渗透到线下市场。然而，婚纱是一种体验性很强的产品，即对线下所需的服务能力要求很高，因而对零售这一环节的响应能力要求也高，大部分人更愿意通过线下渠道购买。为了提高这部分的响应能力，该平台直接与婚纱零售店合作，为俄罗斯等欧洲国家的500家线下婚纱实体店安装了一个O2O（线上到线下，Online to Offline）系统。这个系统包括一台40多寸的平板电脑和一套该平台自己设计的软件。通过这个系统，婚纱店可以把该平台线上婚纱的图片和相关信息展示出来。本来一个实体店只能展示100～500款婚纱，有了这个系统后，展示量拓宽到了1 000款以上，从而可以为实体店提供更多种类的产品。

4. 对产品的不断调整

随着现代科技的飞速发展和全球化的进程，市场的竞争日益加剧，顾客的需求日渐多样化和个性化，从而使企业竞争的焦点逐渐集中在如何才能更好地满足顾客需求上。在这种形势下，传统的大规模生产模式不再适应快速多变的市场需求，大规模定制或者不断修改产品属性以满足顾客多样化需求的生产方式应运而生。

供应链越具备上述能力，其响应能力就越强。但是，响应能力的获取是需要付出成本的。比如，要提高对大幅变动需求量的响应能力，就必须提高生产能力和增加库存能力，这样就会增加更多的成本。于是，引出了供应链效率的概念。供应链效率是制造和向顾客交付产品的成本的倒数。成本的增加将会降低效率，每个旨在增加响应能力的战略选择都会产生额外成本、降低效率。

高成本一般伴随着高响应能力，但是高成本反映的效率水平却较低，比如缩短供货期就要求补货的频率加大，而补货频率加大必然带来额外的运输成本，所以提高供应链的响应能力是以增加成本为基础的。相反，较低的成本是与较低的响应能力相对应的，而较低的成本反映供应链效率是很高的，比如某产品的生产计划需要提前数周甚至数月并且产品的种类单一，这样的企业效率一般很高，但面对需求的响应能力却很低。

供应链中既有只强调响应能力的，也有致力于以最低成本进行生产和供货的。大体上供应链的响应能力范围可以分为四个部分：效率极高、效率中等、响应能力中等和响应能力极高。并且随着响应能力的提高，需求的不确定性也在增加。比如提供的产品种类增多了，就可能由于产品种类的增加，使需求更加分散，导致需求的不确定性增加。

（三）协调供需之间的矛盾

在响应能力范围内标出了需求不确定性水平并理解了供应链在响应能力范围中的位置后，接下来就是要确保供应链响应能力与需求不确定性保持协调一致。其原则就是对面临高不确定性的供应链设定高的响应能力，对于面临低不确定性的供应链设定高的效率。比如前述快速时尚品牌的竞争战略锁定的就是比较重视在短时间内需要丰富个性的服饰的客户。考虑到服饰种类及风格繁多、创新水平高、交货迅速，消费者对服饰的需求不确定性高，因此该品牌适合建立高响应能力的供应链，因为高响应性的供应链可以满足种类繁多和快速交货这样的消费者偏好。

从上面的论述中可以得出这样的结论，如果来自顾客和供应链的需求不确定性增加，最好的办法就是增加供应链的响应能力予以适应，而来自顾客和供应链的需求不确定性减弱，最好的方法就是增加供应链的效率予以适应，这就是通常意义上的战略匹配。

实现战略匹配的下一步就是给供应链的不同环节分配不同的角色,以保证相应的响应水平。这里需要强调的是可以通过给供应链的各个环节分配不同的响应水平和效率水平来实现这条供应链所需要的最佳响应水平或效率水平。

上述例子说明,通过调整供应链各环节的角色,供应链可以达到既定的响应水平。增强供应链某一环节的响应能力,可以使其他环节更专注于提高效率。各角色的最佳组合取决于每个环节可以利用的效率和柔性。比如一条供应链上只有三个角色,分别为供应商、制造商和零售商,如果零售商吸收了大部分的不确定性,那么零售商就必须具有很高的响应能力,而制造商和供应商吸收了少量的不确定性,那么它们就必须有很高的效率。相同的道理,如果制造商吸收了较多的隐含不确定性,那么制造商就必须具有很强的响应能力,而零售商和供应商吸收了较少的不确定性,那么它们就必须有很高的效率。

要实现完整的战略匹配,企业还必须确保所有的职能战略都始终支持竞争战略,供应链内的所有次级战略(如制造、库存和采购)也都必须与供应链的响应水平保持一致。下面就注重效率的供应链和注重响应能力的供应链这两种情况来说明完整的战略匹配应该有的义务。对于更加注重效率的供应链来说,其首要目标是以最低成本满足需求,产品设计战略应该是以最低产品成本来实现最大绩效,因为价格是消费者首要的驱动因素,所以要降低产品成本;制造战略应该是通过提高利用率来降低成本;库存战略应是最小化库存以降低成本;交货期战略应该缩短交货期但不能以增加成本为代价;供应商战略应根据成本和质量进行选择。相反,对于更加注重响应能力的供应链而言,首要目标是对需求做出迅速的响应,其产品应该采用模块化设计;定价战略则可以提高边际收益,因为价格不再是消费者的首要驱动因素;制造战略应维持产能的柔性以缓解供求的不确定性;库存战略应维持缓冲库存来应对供求不确定性;交货期战略应尽量缩短交货期,哪怕成本会有所增加;供应商战略应该根据速度、柔性、可靠性和质量进行选择。

三、定制的跨境电商供应链

前面关于供应链的讨论主要集中在企业服务于一个细分市场时如何实现战略匹配，这种情况对类似于速卖通这样的电商来说是吻合的，但是还有很多跨境电商是通过多种渠道为顾客提供多种类甚至是非常个性的产品，这些企业同样需要一些办法来满足顾客的需求。在这种情况下，"一体适用"的供应链无法实现竞争目标，需要有量身定制的供应链战略。

供应链进行定制需要在供应链中与某些产品共享某些环节，而在其他环节仍保持独立运作。共享这些环节的目的是在实现可能获得的最大效率的同时，为每一个顾客群提供适当的响应水平。例如，所有的产品可能都是在同一家工厂的同一条生产线上生产出来的，但是需要较高响应水平的产品可能会采用快递运输方式来运送，而那些对响应水平要求不高的产品则可以通过那些耗时但较为便宜的方式运输。再如，可以对响应水平要求较高的产品的生产采用灵活的工艺，而对响应水平要求不高的产品的生产则采用响应水平低但是更有效率的工艺。

合理地选取推拉结合点也可以很好地满足定制化的需求。例如，在顾客下订单之前采取推动式供应链，机械化地生产半成品，而当顾客的某些定制需求确定时，再采取拉动式生产产品。例如，生产T恤时，可以将推拉结合点设定在染色阶段，待顾客对颜色、字样的需求确定之后再进行染色或加工。

第五章　跨境电商供应链绩效管理

第一节　供应链管理进程模型

一、顶层竞争性绩效指标

顶层竞争性绩效指标为 SCOR 模型的定义范围和内容，它是定义竞争性绩效指标的主要要素，包括计划、采购、生产、配送及退货，可根据不同类型的企业加以裁剪。

（一）五个基本流程

1. 计划

计划是根据平衡需求和供应，制订一系列行动方案，以更好地为采购、生产、配送、退货流程服务。它包括商务规则、供应链业绩、数据采集、库存、资产评估、运输、常规性需求和补货等方面的计划管理，协调供应链单元计划和财务规划。

2. 采购

采购指按计划或需求获取物料和需要的服务，包括按库存生产、按订单生产以及专项生产产品所需原材料等的采购。具体工作范围包括以下方面：制定交货时间表，接收、验货、产品传递，授权对供应商的付款；若没有事先确定，识别和选择供应源。例如，对根据专项生产的产品寻找供应源；管理商务规则、评估供应商的业绩、数据维护等；管理库存、资产评估、接收产品、供应商网络；进出口需求以及供应合约等。

3. 生产

生产主要分为按库存生产、按订单生产以及专项生产等。它的范围包括以下方面：制定生产活动时间表，实施产品制造，如生产、测试、包装、暂时库存、将产品送交发货员等；按专项生产订单设计生产产品；管理规章、业绩、数据、产品、设备和设施、运输和生产网络等。

4. 配送

为各类产品进行订单、仓储、运输和装配管理。它包括：所有订单管理步骤，从客户询问、送货报价到选择送货方式等；仓储管理、装卸货物的接收和分拣；如果需要安装，在客户处接收和检验产品；给客户开具发票；管理发货中的商务规则、业绩、信息、成品库存、资产评估、运输和生产周期等。

5. 退货

退货流程与任何原因的退货和交付后的客户支持相联系，包括将原材料返回给供应商和顾客的退货，返回的产品包括次品、MRO产品（非生产原料性质的产品）以及剩余产品。所有退回缺陷产品的步骤为从承诺退货到给出产品退回时间表，接收、检验、交付退回产品、退回替换等。退回产品的步骤为：从承诺退货到产品退回时间表，确定产品状态，传递产品、检验产品，以及产品处理、要求召回的批准。退回剩余产品的步骤为：识别过剩库存、计划运输、接收退回产品、授权批准、检验退回的产品、处理退回的产品等；管理退货中的企业规则、业绩、数据归集、退货库存、资产评估、网络配置、常规需求和补充等。

（二）顶层绩效指标

供应链跨越了企业的界限，涉及供应商、供应商的供应商、客户、客户的客户。

二、第二层核心流程

供应链第二层根据26个核心流程分类配置，按照不同供应链环境配置实施运作策略，如图5-1所示。

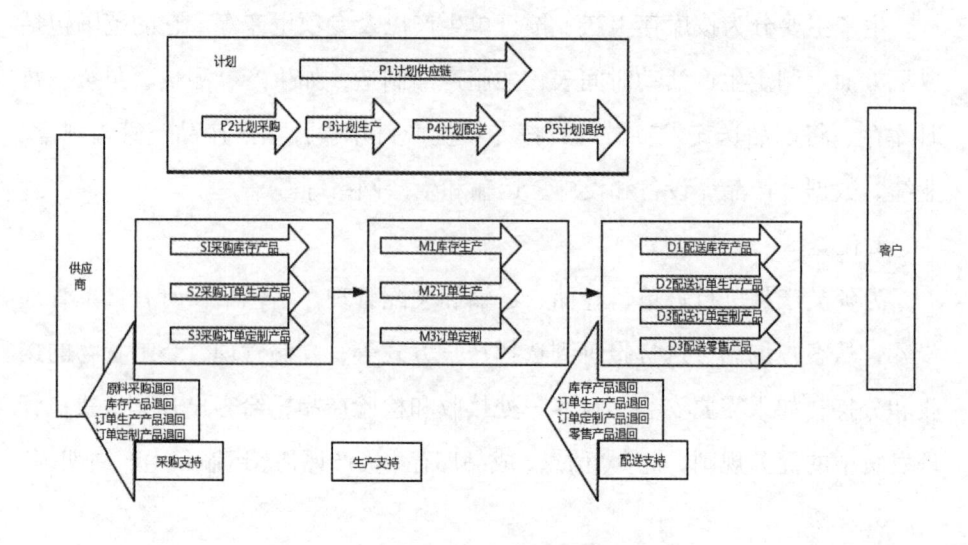

图 5-1　SCOR 第二层 26 个核心流程

三、第三层业绩评价指标

第三层业绩评价指标定义了公司在目标市场上成功竞争的能力。具体工作包括：流程要素的定义、各项要素的输入信息和输出信息、各项流程要素的业绩评价、可行的最佳实践、能支撑最佳实践的系统容量等。分析该流程要素的业绩评价指标所选择的有用指标将通过实际情况和目标的对比直观地体现出供应链的整体表现。

四、第四层具体管理方案

公司在第四层次实施特定的供应链管理实践，定义具体管理方案，以适应变化的经营环境，获得竞争优势。例如，在制造行业的库存产品的交货流程中，根据企业的实际情况，其接收订单环节又可以分为接收订货、订货信息录入、客户信用检查和与客户商定价格等。这里有些环节还可以继续细分作业，如客户信用检查又可以分为进入信用评级界面、检查信用额度和财务等作业。如此层层分解，直到在实施过程中不能再细分为止。

第二节 跨境电商供应链绩效评价模型

一、跨境电商供应链平衡计分卡

供应链平衡计分卡（Supply Chain Balanced Score Card，SCBSC）是目前公认的非常全面的供应链绩效评价方法。它来源于企业内部的平衡计分卡绩效评估方法，区别是把企业内部运营方面的评价指标应用到供应链运营上，其他三个方面的指标，即财务指标、客户价值指标和未来发展方面的指标，仍然保持不变。

简单地讲，平衡计分卡的思想体现了这样一个道理：企业成功与否不能仅以是否盈利、利润率高低、资产回报率高低等经济指标来衡量，也就是说仅仅考虑股东价值的创造是不行的，更需要全盘考虑企业各方面的运行情况，这样才能实现跨境电商企业的长远发展。

二、跨境电商供应链平衡模型

具体来说，该模型包括四个子模型：一是购买行为模型，对应客户价值方面；二是运营模型，对应供应链运营方面；三是财务模型，对应财务方面；四是投资模型，对应未来发展方面。

（一）购买行为子模型

购买是指客户的购买决定，购买行为是指客户在比较其他产品后，对于某种产品所具有的感知价值响应。要解决的问题是：客户对产品质量和价格属性的看法是如何影响产品对顾客的价值，进而影响市场份额以及供应链剩余价值的。

（二）财务子模型

财务子模型关注产品和市场战略是如何影响业务收入的，以及这些收入又是如何与产品的利润挂钩的。

（三）投资子模型

投资子模型主要关注整个财年内的投资规划和目标，能够用于找出那些能影响决定的变量，进而判断是继续执行投资计划还是改变投资计划。例如，如果毛利能够增长，且增加投资所带来的收入增长率相对于投资而言能够满足投资制约因子要求，则增加投资。增加的投资用于增强供应链改进和创新能力、整合内外部资源的能力、流程变革能力及产品或服务的开发能力。

（四）运营子模型

运营子模型涉及跨境电商整体流程，即采购—生产—库存—仓储运输—收入定价，根据订单采购，生产后进行库存仓储进而产生收入，对应收账款、应付账款、成本、收入等指标均产生影响。

第三节 跨境电商供应链绩效的财务指标

提高跨境电商供应链上的盈余能够实现供应链盈利能力的增长，有助于供应链上每一个成员的财务绩效的提高，这是跨境电商供应链的最终目标。跨境电商绩效的关键财务指标包括投资回报率、资产回报率、应收账款周转率、利润率、资产周转率、存货周转率、不动产厂房和设备周转率、现金回收期。

一、投资回报率（ROE）

从股东的角度来看，投资回报率（ROE）是对一个企业绩效的最主要衡量。

$$投资回报率 = \frac{净利润}{平均股东权益}$$

如果把净资产收益率、销售利润率视为盈利指标、周转率视为流动性指标、杠杆比率视为安全性指标的话，那么，以上"三性"之间是存在一定的内在联系的。杜邦公式把投资回报率变形为如下公式：

$$投资回报率=\frac{净利润}{平均股东权益}=\frac{净利润}{销售额}=\frac{销售额}{总资产}\times\frac{总资产}{平均股东权益}$$
$$=销售净利率\times资产周转率\times财务杠杆比率（权益乘数）$$

跨境电商CEO（首席执行官）如何才能达到董事会的投资回报率要求，可以从上述杜邦公式中找到办法。

首先要抓销售净利率，也就是要在同样的销售收入中赚取更多的净利润。显然，跨境电商CEO必须使其产品具有市场竞争力，最好是具有一定的市场垄断地位，从而获得一定的定价能力，这意味着，决定销售净利率高低的主要因素源自市场，即跨境电商相对于主要对手的竞争能力要强。当然，跨境电商的成本和各项费用也影响着销售净利率，因为销售净利率＝净利润/销售收入＝1－（生产成本＋销售费用＋管理费用＋财务费用＋所得税）/销售收入。因此，CEO也要加强对企业成本和各项费用的控制能力。

其次，要提高资产周转率，让资产"转起来"。同等条件下，资产周转率越大，表明该公司的资产使用效率越高，即每一单位资产能产生的销售收入越多。因此，跨境电商CEO应尽可能避免客户的应收账款而被无谓地占用资金，应尽量避免存货积压而过多地占用资金，应尽量避免在建工程建设工期过长而导致资金长期滞留在工程项目中，如果CEO在这些方面做得很好，那么创造等量的销售，就可以占用较少的投资，资产的周转速度就更快。

最后，要适度提高财务杠杆比率（权益乘数）。财务上的融资能力，用权益乘数反映。比如权益乘数为5，表示股东每投入1元，公司就能借到或占用别人4元，公司就放大为5倍的总资产，驱动了5倍于股东投资的总投资，这就是财务杠杆的直观含义。

二、资产回报率（ROA）

资产回报率（ROA）衡量的是企业对所投资的每1美元的回报。

$$投资回报率 = \frac{息前利润}{平均总资产} = \frac{净利润 + [利息费用 \times (1-税率)]}{平均总资产}$$

$$= \frac{息前利润}{销售收入} \times \frac{销售收入}{平均总资产} = 利润率 \times 资产周转率$$

投资回报率与资产回报率之间的差异称为财务杠杆回报率（ROFL），衡量的是可以归属为财务杠杆的投资回报率（应收账款、债务等）。

三、应付账款周转率（APT）

应付账款周转率（APT）是定义财务杠杆的一个重要比率。

$$应付账款周转率 = \frac{销售成本}{应付账款}$$

四、资产周转率（AT）

资产周转率（AT）的关键要素是应收账款周转率（ART）、库存周转率（INVT）及不动产、厂房和设备周转率（PPET）。

$$应付账款周转率 = \frac{销售成本}{应付账款}$$

$$库存周转率 = \frac{销售成本}{库存}$$

$$不动产、厂房和设备周转率 = \frac{销售成本}{不动产+厂房+设备}$$

五、现金回收期（C2C）

现金回收期（C2C）粗略衡量了从现金作为成本进入流程，到作为收入收回的平均时间。

现金回收期 = 应付账款的时间 + 库存的时间 + 应收账款的时间

= 1/APT + 1/INVT + 1/ART

第四节　跨境电商供应链绩效的驱动因素

一、采购决策

（一）采购决策的基本含义

采购是指购买产品和服务所需进行的一系列业务流程。跨境电商管理者首先必须决定每项任务是由具有响应能力的供应源完成还是由具有效率的供应源来完成，然后决定是由跨境电商内部来完成还是外包给第三方完成。

（二）采购对跨境电商供应链绩效的影响

采购决策的目的是增加整个供应链可以分享的总盈余的规模。供应链总盈余受到采购决策对销售、服务、产品成本、库存成本、运输成本和信息成本的影响，它们会影响供应链的效率和响应能力，如果第三方能比企业自身创造更多的供应链盈余，那么外包给第三方就是有意义的。相反，如果第三方不能增加供应链盈余或者是与外包相关的风险很高，那么就应当将供应链职能留在企业内部完成。采购成本列在销货成本项下，而欠供应商的款项则列在应付账款项下。

以某电子商城为例。该商城依靠其包含 RFID、EPC、GIS、云计算等多种物联网技术的先进系统对一个区域进行发散分析，从而了解客户的区域构成、客户密度、订单的密度等，根据这些数据提前对各区域产品销售情况进行预测，根据预测销售量备库，同时决定采购商品分配到哪些区域的仓库及各仓库分配数量。从成本管理角度分析，物联网技术可以帮助采购人员更合理地做出采购决策，加速了产品库存周转率，提高了产品合理分配仓库程度，节约了属于作业成本范畴的采购成本、库存成本、物流成本；销售数据与供应商的直接交流，允许供应商自行补货，也降低了交易成本的谈判成本、协调成本和信息成本。

（三）采购绩效的衡量指标

采购绩效的衡量指标主要包括以下六个：

第一，平均购买价格。该指标主要度量的是当年购买某种产品或服务所支付的平均价格。平均购买价格应当按照每一价格下的购买数量进行加权。

第二，平均购买数量。该指标主要度量的是每笔订单的平均购买量。其目标是搞清楚每下一笔订单时各个地点的总数量是否充足。

第三，供应质量。该指标主要度量的是所供应的产品的质量。

第四，供应提前期。该指标主要度量的是从下订单到收到产品之间的平均时间。较长的提前期会降低响应能力并增加供应链中必须持有的库存量。

第五，按时交货比例。该指标主要度量的是供应商按时交货的比例。

第六，应付账款周转天数。该指标主要度量的是从供应商完成供应链任务到收到报酬之间的天数。

二、生产决策

（一）生产决策的基本含义

跨境电商生产决策包括生产设施、设施的布局和产能。跨境电商必须决定生产设施究竟应该是柔性的还是专用的，抑或是二者的结合。决定将设施布局在何处是跨境电商在设计供应链时必须考虑的一个重要因素。跨境电商还必须考虑与设施所在地的各种特征相关的一系列问题，其中包括宏观经济因素，劳动力素质，劳动力成本，设施成本，基础设施状况，是否接近顾客、企业其他设施的位置，税收影响以及其他战略因素。跨境电商还必须决定设施完成其预订职能的产能。

（二）生产对跨境电商供应链绩效的影响

管理者在进行设施决策时所面临的基本权衡是在设施数量、位置、产能及设施类型所带来的成本（效率）与这些设施为企业的顾客所提供的响应水平之间进行取舍。柔性产能可用于很多种产品的生产，但往往效率较低；而专用产能只能用于少数几种产品的生产，但效率却更高。

增加设施数量会相应地增加设施成本和库存成本，但是同时可以降低运输成本和缩短响应时间。提升设施的柔性或产能会相应地增加设施成本，但是同时可以降低库存成本和缩短响应时间。

设施集中布局会获得规模经济、节约成本，但是分散布局可以更接近顾客而更具有响应能力。

大量的过剩产能可以让设施轻松应对需求的大起大落。然而，过剩产能是要花费成本的，因此会降低效率。几乎没有过剩产能的设施与具有大量过剩产能的设施相比在单位产品的生产上更有效率。然而，利用率高的设施往往难以应对需求的波动。因此，跨境电商必须认真权衡，以确定每个设施的适当产能。

以某公司为例。该公司经营管理的核心就是按订单生产。顾客直接订购个人电脑，然后直接按订单生产。从订单确认、核查到产品送达顾客，整个过程是在订单发出的 5～7 天完成。按订单生产给该公司带来了一系列超越竞争对手的优势，如低库存成本、零中间商成本、即时生产具有最新技术的产品，最终实现个人电脑的直销。结果是该公司和顾客实现了双赢。工厂库存期最多为 3 天，这主要是因为与传统生产系统相比，该公司现在的供应商每次的库存量更少，但频率更高了。这样下游企业的库存就为零，因为产品生产出来后直接送达顾客。在整个供应链中没有一个环节货物会停留超过 7 天，但在传统供应链中零部件的库存期长达 60 天，中间商的产品库存期是 30 天。

（三）生产绩效的衡量指标

生产绩效的衡量指标主要包括以下四个：

第一，产能。该指标主要度量的是设施可以实现的最高产量。在需求一定的条件下，该指标主要度量的是每个设施生产的产品除以产品系列的种数。随生产成本和流程时间也很可能会增加。平均生产批量指标与产品种平均生产批量度量的是每一批产品的平均产量。大批量生产可以降低生产成本，但是库存也会相应增加。

第二，产品种类。该指标主要度量的是每个设施生产的产品除以产品系列的种数。随着产品种类的增加，生产成本和流程时间也很可能会增加。平均生产批量指标与产品种类指标有密切关系。平均生产批量度量的是每一批产品的平均产量。大批量生产可以降低生产成本，但是库存也会相应增加。

第三，单位生产成本。该指标主要度量的是生产一单位产品的平均成本。根据产品的具体情况，单位生产成本可以按件、按箱或者按磅来度量。质量损失指标与单位生产成本指标有密切关系。质量损失度量的是由于产品缺陷造成的生产损失所占的比例。质量损失对财务绩效和响应能力都有不利影响。

第四，实际平均流程时间/周期。该指标主要度量的是在一段时期（如一周或一个月）内生产所有产品的实际平均时间。实际平均流程时间、周期包括理论时间和所有的延误。设定订单的完成时间时应采用这一指标。生产、调试、停工、空闲时间度量的是设施加工产品的时间、设施调试准备的时间、设施由于故障而无法运行的时间，以及因为没有产品可生产而闲置的时间。理想情况下，利用率应当取决于需求而与设施调试或停工时间无关。

三、库存决策

（一）库存决策的基本含义

库存决策是指跨境电商供应链管理者为了打造响应能力更强、更有效率的供应链所必须做的有关周转库存、安全库存、季节性库存和产品可获得性水平的库存决策。

周转库存（Cycle Inventory）是指用于满足在供应链两次送货之间所发生的需求的平均库存量。周转库存的规模是大批量物料的生产、运输或采购的结果。

安全库存（Safety Inventory）是为了应对需求超出预期的情况而持有的库存，是为了应对需求不确定性而持有的。

季节性库存（Seasonal Inventory）是用来应对需求可预料的季节性波动的。

产品可获得性水平（Level of Product Availability）是使用库存产品按时满足的需求在所有顾客需求中所占的比例。

（二）库存对跨境电商供应链绩效的影响

管理者制定库存决策时需要在响应能力与效率之间进行权衡。增加库存通常可以提高供应链对顾客的响应能力，较高的库存还可以利用规模经济的好处，降低生产成本和运输成本。不过，这种做法会增加库存持有成本。

周转库存的规模是大批量物料的生产、运输或采购的结果。跨境电商之所以大批量生产或采购，是为了在生产、运输和采购过程中可以利用规模经济的优势。然而，随着批量规模的增大，持有成本也会增加。

安全库存是为了应对需求超出预期的情况而持有的库存，是为了应对需求不确定性而持有的。如果这个世界是完全可预测的，那么只需要周转库存就够了。然而，由于需求是不确定的，有可能超出预期，那么企业就需要持有安全库存以满足超出预期的高需求。确定安全库存是管理者面临的一项关键决策。例如，某在线衣服零售商必须计算迎接"双十一"等节假日购物高峰期所需的安全库存。如果安全库存过高，卖不出去的衣服在节假日之后只能降价销售。然而，如果安全库存过低，又将失去销售机会，进而损失了原本可以获得的利润。因此，确定安全库存量就意味着要在库存积压所造成的成本与库存短缺所造成的销量损失之间进行权衡。

跨境电商采用季节性库存，在需求较低的销售淡季积累库存，为需求很高的销售旺季做储备，因为届时跨境电商的生产能力将无法满足全部的需求。管理者面临的关键性决策包括是否应持有季节性库存；如果持有季节性库存，则应持有多少库存。如果跨境电商能够以较低的成本迅速调节生产系统，那么它可能没有必要持有季节性库存，因为生产系统可以在不增加太多成本的前提下调节到需求较高的状态。然而，如果改变生产率的成本比较高（例如，必须雇用或解雇工人），那么跨境电商保持稳定的产量并在淡季积累库存就是明智的。因此，供应链管理者在决定持有多少季节性库存时面临的基本权衡是在持有额外的季节性库存的成本与拥有可灵活调节的生产率所带来的成本之间进行取舍。

较高的产品可获得性提高了供应链的响应能力，但同时也增加了成本，因为很多库存被用到的概率并不高。相反，较低的产品可获得性降低了库存持有成本，但是会造成更多的顾客需求无法按时得到满足。确定产品可获得性水平时的基本权衡是提高产品可获得性水平所带来的库存成本与无法按时满足顾客需求所造成的损失之间的取舍。

（三）库存绩效的衡量指标

库存绩效的衡量指标主要包括以下五个：

第一，平均周转库存。该指标主要度量的是企业所持有的库存的平均数量。平均周转库存可以分别按照实物单位、需求天数和价值金额来度量。

第二，平均安全库存。该指标主要度量的是补充订货到货后手头持有的平均库存量。平均安全库存应当按照单位和需求天数的库存量单位（Stock Keeping Unit，SKU）来度量。可以根据每个补货周期手头所持有的最低库存的平均值来估计平均安全库存。脱销时间比例与平均安全库存有密切关系。脱销时间比例主要度量的是某种单品的库存为零的时间所占的比例。该指标可以用来估计在产品脱销期间所损失的销售收入。

第三，季节性库存。该指标是指为了满足特定季节中出现的特定需求而建立的库存，主要度量的是为应对需求的季节性变化而采购的产品在扣掉周期库存和安全库存以后，与该产品销量之间的差异。

第四，满足率（订单／需求）。该指标主要度量的是利用库存使订单／需求得到准时满足的比例。满足率不应按照时间来求平均值，而应当按特定的需求单位数量（如每千、每百万等）来计算。

第五，库存周转次数。该指标主要度量的是一年内库存平均周转的次数。它等于销货成本或者是销售收入除以平均库存。

四、仓储运输

（一）仓储运输的基本含义

仓储运输包括仓储和运输两个部分，跨境电商的仓储涉及布局是集中还是分散，建立边境仓还是海外仓。运输是指将库存从供应链上的一个点转移到另一个点，涉及运输网络设计和运输方式的选择。

运输网络是由运输方式、地点和产品运送线路组成的。跨境电商必须决定是从供应源直接运输到需求所在地还是经过中间集散点。设计决策还包括每次运输中是否经过多个供给点或需求点。

运输方式是将产品从供应链网络中的一个位置转移到另一个位置所采取的方式。跨境电商可以选择航空、卡车、铁路、海洋和管道等作为产品的运输方式。如今，信息产品还可以通过互联网传送。每种运输方式在速度、货运规模（单个包裹、多个包裹的集合、整车或整船）、货运成本和灵活性方面都有着自己的特点，跨境电商就是根据这些特点进行选择的。跨境电商具有特殊性，面临自建物流体系还是利用第三方物流进行配送的选择。

（二）仓储运输对跨境电商供应链绩效的影响

跨境电商管理者制定运输决策时需要进行的基本权衡是某种产品的运输成本（效率）与产品的运输速度（响应能力）。采用快速运输方式可以提高响应能力，但会增加运输成本，不过同时也会降低库存持有成本。

跨境电商可以利用运输对设施和库存的位置进行调整，从中找出响应能力与效率的最佳权衡。出售高价值产品的跨境电商可以采取快速运输以提升响应能力，同时将设施和库存集中布局以降低成本。相反，销售低价值、高需求的产品的跨境电商可以在接近顾客的地方存放一定量的库存，然后采用海运、铁路和整车运输等成本较低的方式从位于低成本的国家的工厂补货。

自建物流体系可以提高跨境电商的响应能力和服务质量，但是效率低，而利用第三方物流会降低跨境电商的成本。

（三）仓储运输绩效的衡量指标

仓储运输绩效的衡量指标主要包括以下六个：

第一，仓储容量。该指标主要度量的是仓储设施可以实现的最高容量。仓储设备利用率与仓储容量指标有密切关系。仓储设备利用率度量的是设施目前正在使用的仓储所占的比例。

第二，单位仓储成本。该指标主要度量的是储存每一单位的产品的平均成本。

第三，订单处理时间。该指标主要度量的是跨境电商对客户的需求信息进行及时处理的时间。

第四，平均向内运输成本。该指标通常用于度量将产品运到设施内的成本占销售收入或销货成本的百分比。理想情况下，应当按照运进来的每一单位产品来度量这个成本，但实施起来相当困难。向内运输成本通常包括在销货成本之中。按照供应商分配这一成本是很有好处的。平均入库批次规模与平均向内运输成本有密切关系。平均入库批次规模度量的是运到设施内的每一批次货物的平均数量或金额。

第五，平均向外运输成本。该指标主要度量的是将产品从设施运送给顾客的成本。理想情况下，应当按照所运送的每一单位产品来度量这个成本，但实际操作中经常将其作为销售收入的百分比进行度量。按照顾客统计这一指标是很有好处的。平均出库批次规模与平均向外运输成本有密切关系。平均出库批次规模度量的是从设施运出的每一批次货物的平均数量或金额。

第六，各种运输方式所占比例。该指标主要度量的是采取每种运输方式占总体运输的比例（数量或金额）。这一指标可以用来估计各运输方式是否使用或有不足。

五、收入定价

（一）收入定价的基本含义

定价决定了供应链上的跨境电商就自己提供的产品和服务收取多少费

用，它包括三个方面：定价与规模经济、每日低价与高‑低定价、固定价格与菜单定价。

大多数供应链活动都显示了规模经济。工序转换使小批量生产的单位成本远高于大批量生产。考虑到装卸货物的成本，利用一辆卡车运到目的地比用四辆卡车更为便宜。在每种情况下，供应链活动的提供者都必须决定如何适当定价以反映其规模经济，一种常用的做法是提高数量折扣。但必须谨慎行事，以确保数量折扣符合支撑流程的规模经济，否则就有可能面临这样的风险——顾客订单主要因数量折扣而增加，但是支撑的流程却并不具备规模经济。

在仓储式商店中常维持价格的长期稳定。与此相反，大多数超市都实行高—低定价，每周都有几种产品大幅降价出售。每日低价的定价策略使得需求相对稳定。高—低定价策略会在打折周形成购买高峰，随后几周的需求往往大幅下滑。这两种定价策略带来的是不同的需求状况，而这些状况都由供应链来满足。

跨境电商必须决定是对其供应链活动收取固定的价格还是按照其他属性（如响应时间或交货地点）提供不同的价格菜单。如果供应链的边际成本或顾客的价值随着某种属性会有很大的变化，那么提供价格菜单往往是有效的。

（二）定价对跨境电商供应链绩效的影响

所有的定价决策都应当以增加跨境电商利润为目标。这就要求人们必须了解完成某项供应链活动的成本结构以及该活动能够为供应链带来的价值。类似每日低价这样的策略可以培养稳定的需求，提高供应链的效率。其他一些定价策略可以降低供应链的成本、捍卫市场份额甚至是从对手那里"窃取"市场份额。只要差别定价有助于增加收入或者是降低成本（当然最好能够同时带来这两种好处），就可以利用差别定价来吸引具有不同需求的顾客。

定价会影响选择购买跨境电商产品的顾客群以及顾客的期望，而这将直接影响供应链的响应水平以及供应链致力于满足的需求对象。定价还可以充当匹配供给和需求的工具，特别是当供应链并不十分灵活时，可以利用短期折扣来消除供给过剩,或者是通过促使需求前移来减缓季节性需求高峰。简而言之,定价是影响供应链将面临的需求水平和类型的最重要的因素之一。

(三)定价绩效的衡量指标

定价绩效的衡量指标主要包括以下四个:

第一,平均销售价格。该指标主要度量的是给定时期内供应链完成某项活动的平均价格。应当按照各种价格下的销售数量进行加权平均。销售价格区间与平均销售价格有密切关系,该指标度量的是特定的某个时间段内单位产品的最高销售价格与最低销售价格。

第二,平均订货量。该指标主要度量的是每次订货的平均数量。平均销售价格、订货量、每笔订单固定成本增量、单位可变成本增量有助于估计完成某项供应链活动所需的投入。

第三,利润率。该指标主要度量的是利润占收入的百分比。企业需要根据各种利润率指标来优化定价,这些指标包括利润率类型(毛利润率、净利润率等)、范围(SKU、生产线、部门、企业等)、顾客类型等维度。单位可变成本增量与利润率有密切关系,其度量的是随订货规模而变动的增量成本,其中包括邮购企业的拣货成本或者制造厂的可变生产成本。每笔订单固定成本增量与利润率也有密切关系,其度量的是与订货规模无关的增量成本,其中包括制造厂的工序转换成本、订单处理成本或运输成本,这些成本与邮购企业的装运规模是不相关的。

第四,应收账款周转天数。该指标主要度量的是从销售完成到收到货款的平均时间。

六、辅助管理

(一)辅助管理的基本含义

辅助管理包括需求预测、信息协调和风险管理三个方面。在设计供应链流程时,管理者必须决定这些流程在供应链中是属于推动流程还是拉动流程,以便做出需求预测。在推动系统里,企业根据需求预测制订主生产计划,然后向后倒推,为供应商制订有关零部件型号、数量和交货日期的计划。在拉动系统里,企业根据实际需求信息以极快的速度在整条供应链间传递,使产品的生产和配送可以准确地反映实际需求,但也必须根据需求预测准备各个模块的库存和生产安排。

供应链协调(Supply Chain Coordination)是指供应链各环节在信息共享的基础上为了实现供应链整体盈利能力最大化这一目标而努力。缺乏协调有可能导致供应链利润的重大损失。供应链各环节的协调要求每个环节与其他环节适当地共享信息。例如,在拉动系统中,供应商要按时为制造商提供恰当的零件,制造商就必须与供应商共享需求和生产信息。因此,信息共享对于供应链的成功是不可或缺的。在供应链中有很多技术可以用来共享和分析信息。管理者必须决定使用哪些技术以及如何将这些技术整合到供应链中。

风险管理的目的是增加供应链剩余。如今的全球供应链比过去的当地化供应链面临更多的风险因素。这些风险包括供应链中断、供应链延迟、需求波动、价格波动和汇率波动。

(二)辅助管理对跨境电商供应链绩效的影响

需求预测对跨境电商供应链绩效有直接的影响。需求预测中的误差可能导致库存、设施、运输、采购、定价甚至是信息管理中严重的资源配置不当。网络设计中的需求预测误差有可能造成设施建设的数量过多或过少,也可能造成设施类型错误。需求计划是根据预测制定的,因此,企业制定并遵循的实际的库存、设施、运输、采购和定价计划都有赖于准确的预测。运作层面,需求预测也在跨境电商的实际日常活动中发挥着作用。

好的信息显然可以帮助企业同时改善响应能力和效率。但是,假设信息越多就总是越好则存在一定的风险。随着供应链上共享信息的增加,所需的基础设施及后续分析的复杂性和成本也会大幅上升。然而,所共享信息提供的边际价值却随着信息的增加而逐渐下降。因此,共享最少的信息来实现既定的目标是非常重要的。例如,通常零售商与制造商之间共享销售整体数据就足够了,而不必共享具体的销售点数据。综合信息的共享成本较低,同时能够提供改善生产计划方面的绝大多数好处。在进行信息基础设施建设时，必须在复杂性与价值之间进行权衡。

跨境电商集中利用规模经济效率高，但是增加了风险，一环出问题就会影响整个供应链，分散化会使其响应能力变强。好的供应链网络设计可以在降低供应链风险方面发挥重要作用。每一种缓解策略都是有代价的，而且可能增加其他的风险。例如，增加库存可以缓解延迟的风险，但会增加因过时而报废的风险；拥有多个供应商可以缓解中断的风险，但会因为单个的供应商难以实现规模经济而增加成本。因此，在供应链网络设计中根据具体情况制定缓解策略是非常重要的，以便在所缓解的风险的量与因此而增加的成本之间达到良好的平衡。

（三）辅助管理绩效的衡量指标

辅助管理绩效的衡量指标主要有以下四个：

第一，需求预测误差。该指标度量的是预测需求与实际需求之间的差异。预测误差是对不确定性的测量，并针对不确定性给出响应（如安全库存或过剩产能）。需求变动与订单变动的比例与需求预测误差有密切的关系，其度量的是即将收到的需求订单和发出的供应订单的标准差。比例小于 1 表明存在牛鞭效应。

第二，信息更新频率。该指标给出了每个预测多久更新一次。预测的更新频率应当高于决策的修正频率，以便标出大的变动并采取相应的矫正措施。

第三，计划偏差。该指标是计划产量/库存与实际值之间的差异。这些偏差可作为发现短缺和过剩的预警。

第四，供应链中断比例。供应链中断的风险驱动因素包括自然灾害、战争、劳资纠纷和供应商破产等。

第六章　跨境电商供应链信息管理

第一节　信息技术的相关概念

信息共享是实现供应链管理的基础。需求信息共享可以帮助生产商减少库存费用和期望费用，同时使生产商能够更好地安排生产作业及库存计划。但是对信息的提供者——零售商来说，需求信息的共享与否并不影响它的决策，不会给它带来直接的收益。也就是说，从供应链整体的角度考虑，需求信息共享能带来一定的好处，但这些好处很大一部分是落到了信息获得者手中，因此对零售商来说缺少相应的激励因素。

一、信息技术对供应链管理的具体影响

具体来讲，信息技术对供应链管理的影响主要有以下几个方面。

（一）采用新信息技术，获得竞争优势

供应链有物流、信息流与资金流三种形态，它们密切相关，只有信息广泛流通，才能正确指导物流；物流畅通正确，才能保证资金流的畅通正确，这样反馈的信息流又有效地指导了物流如此循环，整个供应链上的物流才能达到最佳配置。它们要实现良性循环互动，必须有一定的技术支撑。这个技术支撑就是新信息技术发展形成的电子商务网络，而在当代谁掌握了新信息技术，谁就可以降低成本，提高服务水平。然而其中最关键的是相关信息的实时性和可靠性。今天，信息成了决定企业生存与发展的关键因素，任何一个企业都要面对如何集成信息的问题。信息既有来自上下游企业的纵向信

息,也有来自企业内部的横向信息,还有来自宏观上的信息。如何传递和共享这些信息,将上下游企业的经济行为以及企业内部各部门的职能行为协调起来,就是供应链管理所要解决的核心问题。与单个企业情况相比,供应为一种扩展企业,其信息流动和获取方式应表现出自己的特色。因此,越来越多的企业在向它们的顾客提供以信息技术为基础的增加服务,并以此作为在市场上实施差异化战略的方式,同顾客建立稳定的长期联系。

企业的内部联系与企业的外部联系是同样重要的。比如在企业内建立企业内部网络并设立电子邮件系统,使职工相互之间可以收发信息。网络的应用就使得企业可以从其他地方获得有用数据,这些信息使企业在全球竞争中获得成功,使企业能在准确可靠的信息的帮助下做出准确的决策。

(二)改善传统方式,构筑企业间价值链

产品和服务的实用化趋势正在改变它们的流通和使用方式。例如,音像等软件产品多年来一直是以光盘或磁盘等方式投入市场进行流通销售的,这需要进行大量的分拣和包装作业。现在,许多软件产品通过互联网直接向顾客销售,无须分拣、包装、运送等物流作业。通过利用每个企业的核心能力和行业共有的做法,信息技术开始用来构筑企业间的价值链。当生产厂家和零售商开始利用第三方服务,把物流和信息管理等业务向外委托的时候,它们会发现管理和控制并不属于它们所有的供应链。继而,生产厂家、零售商以及由物流信息服务业者组成的第三方服务供应商形成了一条价值链。另外,在航空运输行业,航空公司采用全行业范围的订票系统而不是各个企业独自的订票系统。

(三)建立新型的顾客关系

信息技术使供应链管理者通过与它的顾客和供应商之间构筑信息流和知识流来建立新型的顾客关系。例如,某公司建立了一个开放式的在线互联网络TPN用来招标采购企业所需的原材料和零部件。该公司把企业内部各个部门的采购需要集中起来通过电子市场进行招标,不仅可以发现优良的供应商,节约采购成本,使采购业务合理化,而且为公司内部的采购人员提供了

进入全球市场的机会。对于广大的供应商来说，通过该公司开放式的在线互联网络，可以在任何时间进入该公司的招标电子市场，了解该公司的需要，参加投标活动。

用互联网络等信息技术来交换有关消费者的信息成为企业获得消费者和市场需要信息的有效途径。例如，供应链的参与各方通过信息网络交换订货、销售、预测等信息。对于全球经营的跨国企业来说，信息技术的发展可以使它们的业务延伸到世界的各个角落。

企业利用互联网与它的经销商协作建立零售商的订货和库存系统，通过这样的信息系统可以获知有关零售商商品销售的信息。在这些信息的基础上，进行连续库存补充和销售指导，从而与零售商一起提高营销渠道的效率，提高顾客满意度。

（四）提高全球化管理能力

随着全球经济一体化的形成，企业与企业之间的竞争突破了国与国的范围而日趋激烈，同时顾客的消费需求也在朝着多样化、个性化方向发展。企业要在竞争中取得优势地位，必须改变原来传统的信息系统，采用先进的信息技术，进行供应链的优化和重组，实现供应链上各个节点的信息共享，从而缩短订货提前期、降低库存水平、提高运输效率、减少递送时间、提高订货和发货精度以及回答顾客的各种信息咨询等，提高供应链整体的竞争力。信息技术的发展及其成本的不断降低，使得上述供应链管理的目标成为可能。许多企业已经与顾客和供应商之间进行计算机与计算机的联结，通过多媒体技术，及时、精确地传输图像、声音和文字等信息，方便地进行数据的存取，极大地提高了供应链的运作效率和顾客满意度。

当前，围绕高技术产品的市场环境变化迅速，由于这类产品的周期短，因此企业需要对这类产品不停地进行经营决策。由于进行决策时涉及的变量越来越多、范围越来越广，信息的多样性和复杂性使得传统的决策模型不能适应供应链管理的需要。在这种情况下，许多适应供应链管理的决策模型软件被开发出来。

经营的全球化一方面要求企业在全球市场进行经营活动，另一方面要求企业对应当地的需要、习惯、文化等从事经营活动。许多企业应用信息技术发展企业的信息系统来协调和管理世界各地的经营活动。

某计算机公司在应用信息技术的基础上发展了根据消费者要求的大量生产系统。最终消费者通过该公司的互联网页在订货时说明自己对购买产品的功能要求。该公司根据消费者的具体要求生产产品，迅速地配送给顾客。该公司的电子商务和MC战略的效果表现在能直接与最终消费者建立信赖关系，高效地向消费者销售产品及提供优良的服务，减少了流通库存和营销业者运行有关的供应链成本。

（五）不断学习与创新

全球经济一体化在日趋加快，企业无国界经营的趋势越来越明显，高新技术的迅猛发展提高了生产效率，缩短了产品更新换代周期，也加剧了市场竞争的激烈程度。企业要想在激烈的竞争市场中立于不败之地，不断地学习和创新是非常重要的。每一个企业和每一个企业家，都应当学会用世界的眼光从高处和远处审视自己、衡量自己，随时发现自己的弱点和缺点，通过改革和创新，迅速加以克服，以求不断超越。

供应链管理者当然也需要不断地改善它们供应链的运行过程，在供应链内部和企业内部分享有用的信息。尤其重要的是企业有能力获得促使供应链革新和增强供应链能力的信息。为此，企业应该建立知识管理系统使有效的信息和知识电子化，并且使之能与整个供应链共同分享，实现整条供应链上各个节点的信息实现信息共享，借此做出精确的预测和决策，推动企业生产效率的提高和获得竞争优势。

二、信息共享的障碍

零售商与上游企业共享顾客需求信息时，还存在下面一些阻力：

（一）需求信息共享增加零售商成本

信息共享活动一般伴随着通信基础设施投资的增加，包括计算机网络软、硬件的投资，如 POS 终端、条形码制作、新的管理信息系统的投入，随之而来的还有管理上的变更，如人员的培训、组织机构、业务流程的重组等，这些都会耗费企业大量的时间、财力、物力。所需的巨大费用很可能使零售商对需求信息共享望而却步。

（二）需求信息共享存在风险

供应链中的需求信息共享，意味着库存水平、订货策略以及财务状况等重要信息的公开，这会给上游企业带来额外的收益，增加它们在供应链内部的权威，同时使零售商在与上游企业谈判中处于不利地位而失去竞争优势。另外，需求信息共享容易导致零售商商业信息的泄露，如果其竞争者获得这些信息，可能会损害零售商的利益。

供应链的协调运行建立在各个节点企业高质量的信息传递与共享的基础之上，因此，有效的供应链管理离不开信息技术系统提供可靠的支持。计算机应用有效地推动了供应链管理的发展，它可以节省时间和提高企业信息交换的准确性，减少在复杂、重复工作中的人为错误，减少由于失误而导致的时间浪费和经济损失，提高供应链管理的运行效率。

随着全球竞争的加剧、经济的不确定性增大、信息技术的高速发展以及消费者需求的个性化增加等环境的变化，当今世界已经由以机器和原材料为特征的工业时代进入以计算机和信息为特征的信息时代。原有的企业组织与管理模式越来越不能适应激烈的市场竞争，企业开始了探索能够提高企业竞争力的新型管理模式的艰苦历程。

三、信息管理的必要性

在信息社会中，信息已成为企业生存和发展的重要资源。为了在市场竞争中获得更有利的竞争地位，企业要树立"人才是企业的支柱，信息是企业的生命"的经营思想。企业是一个多层次多系统的结构，信息是企业各系统和成员间密切配合、协同工作的黏合剂。为了实现企业的目标，必须通过信息的不断传递，一方面进行纵向的上下信息传递，把不同层次的经济行为协调起来；另一方面进行横向的信息传递，把各部门、各岗位的经济行为协调起来，通过信息技术来处理人、财、物和产、供、销之间的复杂关系。因此，其信息流动和获取方式不同于单个企业的情况。在一个由网络信息系统组成的信息社会里，各种各样的企业在发展的过程中相互依赖，形成了一个生物化企业环境，供应链就是这样的"生态系统"中的"食物链"。企业通过网络从内外两个信息源中收集和传播信息，捕捉最能创造价值的经营方式、技术和方法，创建网络化的企业运作模式。在这种企业运作模式下的信息系统和传统的企业信息系统是不同的，需要新的信息组织模式和规划策略。因此，我们研究供应链管理模式，首先要从改变原有的企业信息系统结构，建立面向供应链管理的新的企业信息系统入手，这是实施供应链管理的前提和保证。

为了实现信息共享，需要考虑以下几个方面的问题：为系统功能和结构建立统一的业务标准；对信息系统定义、设计和实施建立连续的实验、检测方法；实现供应商和用户之间的计划信息的集成；运用合适的技术和方法，提高供应链系统运作的可靠性，降低运行总成本；确保信息要求与关键业务指标一致。

信息管理不仅仅是针对复杂的供应链，它对于任何供应链管理都是必需的。在供应链成员企业之间传输数据主要有手工、半自动化、自动化三种方式。利用EDI等信息技术可以快速获得信息，提供更好的用户服务和加强客户联系，从而提高供应链企业运行状况的跟踪能力，直至提高整体竞争优势。当然，供应链企业之间的信息交换要克服不同文化造成的障碍，信息本身是不能"做"任何事的，只有人利用信息去做事。

第二节 供应链管理中的信息技术

一、现代信息技术的发展概述

现代信息技术奠定了信息时代发展的基础，同时又促进了信息时代的到来。它的发展以及全球信息网络的兴起，把全球的经济、文化联结在一起。经济国际化趋势的日渐显著，使得信息网络、信息产业发展更加迅速，使各行业、产业结构乃至整个社会的管理体系发生了深刻变化。现代信息技术是一个内容十分广泛的技术群，它包括微电子技术、光电子技术、通信技术网络技术、感测技术、控制技术、显示技术等。在 21 世纪，企业管理的核心必然是围绕信息管理来进行的。最近几年，技术创新成为企业改革的最主要形式，而计算机技术的发展直接影响着企业改革和管理的成败。不管是计算机集成制造、电子数据交换、计算机辅助设计，还是制造业执行信息系统，信息技术革新都已经成为企业组织变化的主要途径。

二、供应链管理的核心信息技术应用

供应链管理中的物流信息技术有很多种，其中核心的信息技术主要包括条码技术、射频技术、电子数据交换、全球卫星定位系统和地理信息系统。

（一）条码技术的应用

条码技术是出现最早，也是应用最成功的自动识别和数据采集技术。它是为实现对信息的自动扫描而设计的。它是实现快速、准确而可靠地采集数据的有效手段。条码是实现 POS 系统、电子商务、供应链管理的基础，借助自动识别技术、POS 系统等现代技术手段，企业可以随时了解有关产品在供应链上的位置，并及时做出反应，为供应链管理提供了有力的技术支持。

现在有许多不同码制的条码符号，码制不同，条码符号的组成规则就不同。目前常见的条码码制有 EAN 条码、UPC 条码、二五条码、库德巴条码、UCC/EAN-128 条码等。各种码制都具有固定的编码容量和条码字符集。

目前物流条码的应用率在我国还比较低，除了在零售 POS 系统使用条码扫描技术之外，条码在供应链中其他环节的应用还十分罕见。

（二）射频技术的应用

射频识别系统利用感应、无线电波或微波能量进行非接触双向通信，实现识别和交换数据。系统的基本组成是射频标签和读写器。射频技术最突出的特点是可以非接触识读、可识别高速运动物体、抗恶劣环境、保密性强、可同时识别多个对象等。在供应链工程控制中,主要被广泛应用于运输工具的自动识别、物品的跟踪与监视、店铺防盗系统、高速公路收费及智能交通系统、生产线的自动化及过程控制等方面。

(三)EDI技术的应用

EDI即电子数据交换,是指同一规定的一套通用标准格式,将标准的经济信息通过通信网络传输,在贸易伙伴的电子计算机系统之间进行数据交换和自动处理。EDI的主要目标是要以最少的人力介入,实现贸易循环,尤其是重复交换中的文件的自动处理,从而消除公司内部缓慢、繁杂和昂贵的管理费用。EDI是实现快速反应、高效客户反应、高效补货等方法必不可少的技术。目前,几乎所有供应链管理的运作方法都离不开EDI技术的支持。

(四)全球卫星定位系统(GPS)的应用

GPS是利用导航卫星进行测时和测距,使地球上的任何用户都能确定自己所处的方位。GPS系统包括三大部分:空间部分——GPS卫星星座;地面部分——地面监控系统;用户设备部分——GPS信号接收机。

GPS是一项高科技,将来会被广泛应用到许多领域,在供应链管理中全球卫星定位系统也会越来越普遍地应用到各个环节:用于汽车自定位、跟踪调度、陆地救援;用于内河及远洋船队最佳航程和安全航线的测定、航向的实时调度、监测及水上救援;用于空中交通管理、精密进场着陆、航路导航和监视;用于铁路运输管理等。

(五)地理信息系统(GIS)的应用

GIS以地理空间数据为基础,采用地理模型分析方法,适时地提供多种空间的和动态的地理信息,是一种为地理研究和地理决策服务的计算机技术系统。GBS的基本功能是将表格型数据转换为地理图形显示,然后对显示结果浏览、操作和分析。其显示范围可以从洲际地图到非常详细的街区地图,显示对象包括人口、销售情况、运输路线及其他内容。

GIS应用于物流分析,主要是指利用GIS强大的地理数据功能来完善物流分析技术。目前已开发出利用 GIS 为供应链管理提供分析的工具软件。完善的 GIS 物流分析软件集成了车辆路线模型、最短路径模型、网络物流模型、分配集合模型和设施定位模型等。

三、集成供应链管理信息技术应用

因为供应链管理是一项非常复杂的工作，需要信息技术的所有组成部分集中在一起。

对于一个企业或供应链来说，全方位解决方案的效果通常会比各部分解决方案的算术加总的效果好。目前使用较广泛的有企业资源计划、计算机集成配送、配送需求计划、各种预测和计算系统、自动补货系统、库存管理系统、制造控制系统、计算机工程工具、财务系统等。其中制造资源计划是当前辅助企业进行供应链管理及产品开发过程管理的主要工具。此外，还有许多企业对供应链软件采取择优录用的方式或自己开发专用软件。

（一）材料需求计划（MRP）的应用

材料需求计划（以下简称"MRP"）是依据市场需求预测和顾客订单制订产品生产计划，然后基于产品生产进度，组成产品的材料结构表和库存状况，通过计算机计算出所需材料的需求量和需求时间，从而确定材料的加工进度和订货日程的一种实用技术。

MRP 主要用于订货管理和库存控制，它从产品的结构或物料清单出发，根据需求的优先顺序，统一计划指导，实现企业的"供产销"信息集成，解决了制造业所关心的缺件与超储的矛盾。MRP 作为主生产与控制模块，是 ERP 系统不可缺少的核心部分。

MRP II 是以将生产活动中的销售、财务、成本、工程技术等主要环节与闭环 MRP 集成为一个系统，覆盖了企业生产制造活动所有领域的一种综合制订计划的工具。MRP II 通过周密的计划有效利用各种制造资源，控制资金占用，缩短生产周期，降低成本，提高生产率，实现企业制造资源的整体优化。

（二）企业资源计划（ERP）的应用

ERP 系统是多个功能件的集合。它的核心管理思想就是实现对整个供应链的有效管理，主要体现在以下方面：体现对整个供应链资源进行管理的思想；体现精益生产、同步工程和敏捷制造的思想；体现事先计划与事中控制的思想。构建集成 ERP 管理模式需要与供应商和用户建立良好的合作伙伴关系，以面向"供应链和用户"取代面向产品，增强与主要供应商和用户的联系，增进合作与信息共享。为了适应市场的变化，以及柔性高、速度快和知识革新等需要，基于一定的市场需求和实时信息共享，组建能快速重构的集成 ERP 动态联盟。

虽然这些系统的发展逐步将信息集成范围扩大到企业外部，但多数现实系统还是依赖于在各个相关企业之间配备同类 MRP/ERP 系统模块，或为需要集成的部分专门做相关的接口。供应链管理的信息技术最终目标是在某一行业内实现流程的标准化，只有这样企业之间才能更好地进行合作并缩减成本。为适应动态联盟中多个不同企业为某一共同目标组成临时共同体的要求，必须实行统一标准。

（三）择优录用

为了获得竞争优势，供应链管理信息技术解决方案可以由许多部分组装而成，主要途径是从不同供应商那里选择每一领域最适合的解决方案，并由此产生比较适合企业每一功能的系统。这种方式与单一的 ERP 相比，成本、安装时间和复杂性都较高，但相应的方案质量、对企业的适应性和弹性也较高。

另外，还有一些企业自己开发软件，这种集成信息技术方案的质量、对企业的适应性和弹性都是最高的，但需要很高的成本和专业技术。目前只有少数企业能做到，如沃尔玛。

（四）供应链管理信息技术发展程度

为了对集成的供应链管理过程中信息技术的发展程度做一个比较精确的评价，我们可以采用一种叫作"供应链指南模型"的五阶段商业模型。该模型可以用来作为供应链信息技术应用程度的一个评价指标。

该指南模型对企业非常有用，它可以评价企业当前的发展阶段，鉴别其他公司的信息技术应用领先于哪些方面以及自己未来的竞争优势在哪里。

第三节 供应链管理和电子商务

一、电子商务

（一）电子商务发展及现状

随着计算机、网络、通信技术的发展和互联网的普及，包括电子商务、视频会议、远程医疗等在内的一些应用已开始引起社会的关注，并逐步走进人们的日常生活。进入20世纪90年代以来，随着计算机网络、通信技术和互联网的普及应用，电子商务作为商业贸易领域一种先进的交易方式，已经风靡全球，并对该领域中传统的观念和行为方式产生了巨大的冲击和影响。它在互联网的广阔联系与传统信息技术系统的丰富资源相互结合的背景下应运而生，是一种在互联网上展开的相互关联的动态商务活动。

由于电子商务的出现，传统的经营模式和经营理念将发生巨大的变化。电子商务将市场的空间形态、时间形态和虚拟形态结合起来，将物质流、现金流、信息流汇集成开放的、良性循环的环路，使经营者以市场为纽带，在市场上发挥最佳的作用，得到最大的效益，创造更多的机会。可以肯定，电子商务的发展会带给我们一个经济更加繁荣的时代。

在许多国家，电子商务的发展非常迅速，通过互联网进行交易已成为潮流。基于电子商务而推出的商品交易系统方案、金融电子化方案和信息安全方案等，已形成了多种新的产业，给信息技术带来许多新的机会，并逐渐成为国际信息技术市场竞争的焦点。

在我国，电子商务也将成为各行业进行产品或商品交易的一种方式，为我国商品经济的发展和贸易的扩大创造巨大的效益。

（二）电子商务基础知识

电子商务所强调的是在计算机网络环境下的商业化应用，不仅仅是硬件和软件的结合，也不仅仅是电子商务，而是把买家、卖家、厂商和合作伙伴在互联网、内部网结合起来的应用。电子商务的应用可以概括为"3C"，即内容管理、协同及信息和电子商务三个层次的应用。内容管理是通过更好地利用信息来增加产品的品牌价值，主要体现在通信和服务方面。内容管理具体包括以下三个方面：信息的安全渠道和分布；客户信息服务；安全可靠高效的服务。协同及信息是指自动处理商业流程，以减少成本和开发周期。它由四个方面组成：邮件与信息共享；写作与发行；人事和内部工作管理与流程；销售自动化。

电子商务包括四个方面的具体应用：市场与售前服务，主要是通过建立主页等手段树立产品的品牌形象；销售活动，如POS机管理智能目录、安全付款等；客户服务，即完成电子订单及售后服务；电子购物和电子交易。

电子商务范围广阔，涉及局域网、互联网和内部网等领域。它利用一种前所未有的网络方式将顾客、销售商、供货商和雇员联系在一起。简而言之，电子商务系统能够将有价值的信息迅速传递给需要的人们。

厘清电子商务的概念内涵，交流国际电子商务的进展情况，研讨我国推行电子商务面临的难题，做好观念与技术上的准备迎接电子商务时代的到来已变得非常重要。

（三）电子商务的本质内涵

传统商务的本质特征，是生产者和消费者间的一个物理空间上的第三方：商场，而电子商务中，生产者和消费者之间的关系是直接的，电子商务不是搬来一些电子形式的物体，在物理时空中的商店收款台上完成交易，而是对生产者和消费者之间的各种中间环节、中间成本进行彻底的削减。"两点之间直线距离最短"的数学理念变为商务理念，把工业时代形成的只有拉长迂回路径、增加中间环节，才能提高附加值的传统理念，变为"只有快速拉近与顾客的距离，减少中间环节，才能提高附加值"的信息价值观。

电子商务始于网络计算。网络计算提供了实现电子商务的技术平台，而电子商务是网络计算的最新应用和最终目标。电子商务利用互联网技术，将企业、用户、供应商以及其他商业和贸易所需环节连接到现有的信息技术系统上，从专用互联网到共享内部网，再到公共互联网，以前所未有的方式，将商业活动纳入网络，彻底改变了现有的业务作业方式和手段，实现了充分利用有限资源、缩短商业环节和周期、提高效率、降低成本、提高用户服务质量的目标。更重要的是，电子商务提出了一种全新的商业机会、需求、规则和挑战，是 21 世纪全球经济与社会发展的重要领域。

（四）电子商务安全与效益

20 世纪 90 年代是互联网蓬勃发展的时代，浏览器的出现使我们可以在互联网上方便地进行查询，企业感兴趣的也是这种便利性。做生意就是要贴近客户，将产品打到客户的面前。企业希望能够有一个开放的环境让它们进行灵活地查找，也希望有很多地方都能查找到它们，这对发展和促进贸易很重要。但是，开放的环境也会引起企业的某些担心。

企业最担心什么？是安全问题。在进行电子贸易的过程中，必然有一些内容是不能公开的。也许很多人不相信，但从电子商务的角度讲，安全问题尤其重要。一旦信息失窃，损失将不可估量。

二、电子商务在供应链管理中的主要技术手段

（一）EDI 销售点与预测

EDI 是一种在合作伙伴企业之间交互信息的有效技术手段。它是在供应链中连接节点企业的商业应用系统的媒介。供应链环境中不确定的是最终消费者的需求，必须对最终消费者的需求做出正确的预测，供应链中的需求大都来源于这种需求预测。虽然预测的方法有上百种，但通过 EDI 预测，可以最有效地减少供应链系统的冗余性，这种冗余可能导致时间的浪费和成本的增加。通过利用预测信息，用户和供应商可以一起努力缩短订单周期。

（二）财务技术

1. EFT（电子资金转账）技术

财务电子商务广泛应用于企业和它们的财务机构之间，用户可以通过汇款通知系统结账，而不是通过支票。汇款通知数据包括银行账号、发票号、价格折扣和付款额，用户的财务机构用 EFT 系统将汇款通知信息传递给供应商的财务机构，供应商的财务机构将付款确认信息传送给供应商，并收款结账，供应商则根据付款信息更改应收账款等数据。

2. Lockbox（存款箱）技术

另一种广泛应用的财务电子商务是 Lockbox。用户将支票或电子付款单传送到供应商的 Lockbox，供应商的财务机构会处理这一付款单，将付款存入供应商的账号，同时从用户的财务机构扣除此款，财务机构会通 EDI-Lockbox 将付款单信息传送给用户和供应商。

3. ECR（现金收据）技术

ECR 是一种有效地减少发票的技术手段。用户可以在接收到产品或服务时自动地以共同商定的单位价格付款给供应商。通过 ECR 改善现金流管理和减少纸面工作。

（三）非技术型企业电子商务

大企业不希望同时拥有具有相同功能的多个系统，所以希望通过电子商务实现商业交流的标准化，但这往往忽略了商业伙伴的电子商务能力。没有电子商务系统的小企业，可以采用电子邮件或传真的服务实现电子商务功能。

1. 电子邮件

企业内部的电子邮件系统通过互联网与其他企业的电子邮件系统连接在一起，电子邮件可以发送文本、图像，如 CAD 和 Word 文档。

2. 电子会议

在世界不同地点的人可以通过互联网实现实时的电子会议，可以通过 IRC（因特网中继聊天）系统实现基于文本的讨论，多个用户可以同时讨论文本、高精度图像和声音。

3.电子市场营销

企业可以通过互联网在网络上发布产品和服务的促销广告，包括高精度图像、文本、声音等的超文本文件可以建立在网络服务器上，并连接到互联网上。这种广告可以被世界各地的网络客户浏览到。计算机软件生产商还可以把产品演示版软件挂在网络上让用户下载试用。

4.电子用户支持系统

许多企业都把最常见问题的解答挂在网络上，而当用户需要得到更多的信息时，用户可以把问题或需求通过电子邮件发给企业的用户支持领域。

5.用户网上采购

在浏览企业的广告之后，用户可以通过网络进行订购。在网络服务上，用户只要输入信用卡账号、名字、地址和电话号码等信息就可以直接实现网上购物，而订购信息通过网络传递到供应商服务器上，确认信息将通过电子邮件返回给用户，同时货运通知或服务信息也将随后通过网络传递给用户。

（四）共享数据库

战略合作伙伴如果需要知道相互之间的某些快速更新的数据，它们将共享部分数据库。合作伙伴可以通过一定的技术手段在一定的约束条件下相互共享特定的数据库。例如，有邮购业务的企业将与其供应商共享运输计划数据库，准时制生产方式装配制造商将与它们的主要供应商共享生产作业计划和库存数据。

三、电子供应链概述

电子商务改变了传统的经济运行模式，它使传统商务与网络相结合，造就了实时互动、直接的经济运行模式。在这种新的经济环境下，复杂而多样的客户个性化要求、更大规模的商业需求、更快的速度要求、更具柔性的实现方式、需要更多的吸引新客户并提供相应服务的能力等特点，都对供应链提出了前所未有的高要求。为了树立竞争优势，传统供应链必须利用电子商务技术将市场的空间形态、时间形态和虚拟形态结合起来，将物流、资金流、信息流汇集成开放的、良性循环的环路，建立有效、敏捷的供应链。由于这种供应链是与电子商务相结合的建立在网络上的供应链，因此也被称为电子供应链或虚拟供应链。

电子供应链已不再是一个传统意义上的"链"，而是一个"网"状结构。在电子供应链中，通过 B2B 交易方式，核心企业与供应商的合作严密整合且相对稳定；而与分销商、零售商的合作整合得比较松散、富有动态性。通过 B2C（企业对消费者）或 C2B（消费者对企业），核心企业可以实现与用户实时互动的信息交流。

电子供应链改变了传统供应链的运行方向。在传统供应链中，供应商是将货物沿着供应链向最终用户的方向推动，这样的系统需要在仓库里储备存货。而电子供应链主张的是按市场需求的准确数量及时生产顾客所需的产品而不需在仓储上耗费巨资。电子供应链的最大特点在于各节点之间的商务活动都是通过网络进行的，即通过电子商务技术来实现对信息流、物流和资金流的有效控制。它能有效地增强企业与分销商、零售商、用户之间的联系，提高信息交流的效率，实现物流和资金流在采购、生产、运输、销售在内的整个流程中更为高效地运转，从而使其核心企业在市场上具有更大的灵活性和竞争优势。电子供应链主要具有以下特点：

（一）集成化特点

供应链的集成是指供应链的所有成员基于共同的目标而组成的一个虚拟组织，组织内的成员通过信息共享、资金与物资方面的协调与合作，优化组织目标。

（二）动态性特点

在电子商务环境下，供应链必须成为一个动态的网链结构，以适应市场变化、柔性、速度的需要，不能适应供应链需求的企业将被淘汰。企业通过互联网商务软件集成在一起以满足用户的需求，一旦用户的需求消失，它也将随之解体，而当另一需求出现时，这样的一个组织结构又由新的企业动态地重新组成。

（三）信息的实时共享性特点

信息流是供应链的三个流中最重要也是最难以管理的。在传统的产供销体系中，信息流由供应商—分销商—零售商—用户自下向上流动。随着网络技术的发展，网络站点提供了将商业伙伴聚集在一起的崭新运作方式。公司能借此改善商务运作，使信息的传递由原来的线形结构变为网状结构。同时，由于同一供应链中的商业伙伴之间是合作、互信、互利的关系，它们只有实现信息的实时共享才能紧密地合作，提高供应链的效率。供应链的集成化、动态化的实现都是建立在信息的实时共享基础之上的。

（四）集优化特点

供应链的各个节点的选择应遵循强强联合的原则，达到实现资源外用的目的，每个企业只集中精力致力于各自核心的业务过程，就像一个独立的制造单元。这些所谓单元化企业具有自我组织、自我优化、面向目标、动态运行和充满活力的特点，能够实现供应链业务的快速重组。

（五）简洁性特点

电子供应链具有灵活快速响应市场的能力，供应链的每个节点都是精练的，具有活力的能实现业务流程的快速组合。企业拥有更少的有形资产和人员。

四、电子商务在制造业的应用

制造企业应用电子商务模式应注意：第一，不单纯把电子商务作为一项技术来考虑，而将其作为企业创造价值的增值手段加以具体应用。第二，用电子商务构建企业内部供应链贯穿于企业的内部经营活动和组织形式，以及构建产业供应链和全球网络供应链，把企业的所有经营和组织活动都纳入供应链中加以考虑，并通过有效的供应链管理，在供应链的每一个环节考察其价值创造能力。第三，应树立与其他合作伙伴组建"虚拟企业"的经营理念，加强关联企业之间的联系，以达到各种资源"虚拟整合"的目的。整条供应链创造性地与上游供应商、下游经销商，以及中间环节的服务代理商和科研机构组成"虚拟企业",实现不同产业之间资金、技术、信息和人力资源的"虚拟整合",构建形成一条快速、高效的产业供应链。在市场发展完善和技术进步情况下,最终建成企业的全球网络供应链。

(一)制造企业应用条件

1.基础设施信息化

基础设施信息化就是企业运用计算机网络技术,将企业的有形和无形的原材料、技术、人力资源、资金等生产要素联系起来,在管理软件的支持下,能够把这些资源整合并加以有效的利用。企业利用强大的信息化基础设施和科学的数字化管理体系做支撑,可应用供应链管理、客户关系管理、企业资源规划等多种软件,以使企业达到全面信息化。

2.网络人才

现在,企业发展电子商务遇到电子商务人才不足的问题。对于制造企业来说,要充分利用高校和科研院所拥有的人力资源,建立激励机制,吸引人力,留住人才,并通过培训、继续深造等方式,为企业培养更多专业人才,储备人才库。

3.资金保障

有许多效益良好的大企业有能力发展电子商务,却不愿意把大量的资金投入不能够马上转化为生产力或者立刻为企业带来经济效益的项目上。而更多的企业缺乏资金,这就需要银行的支持,或者是吸引风险投资,为企业的这类高科技含量系统的建立提供资金。企业现在投入资金支持发展电子商务,将为其在激烈的市场竞争中占领市场的制高点提供有力的支持,对此必须有充分认识。

(二)制造企业应用步骤

企业可进行自身信息化建设,用已有电信网络和计算机网络,率先发展以客户为中心的信息沟通、资源融合系统,逐渐完善整个供应链的建设,整个供应链的建设可以分为三个阶段进行:第一阶段,建立自己的网站,宣传企业形象和产品;第二阶段,开发建设网站的同时,企业积极利用诸如企业资源计划系统、客户管理系统等软件，完善企业内部信息化建设；第三阶段，利用成熟的外部电子商务技术和服务支持，配合自己的企业资源计划系统，进一步完善企业与外部信息化道路。

（三）制造企业应用模式

1. 制造企业构建内部供应链

这里先介绍应用电子商务优化企业内部经营活动的价值创造模式。首先，应用电子商务这条供应链将企业与企业经营支持活动内部结合成一个完整体系，而不是传统的独立、分散、缺乏联系的多个部门，以提高企业整体运行效率。其次，从该供应链的具体链节来看，基础设施是经营活动的前提条件，处于供应链的首要位置。人力资源管理是经营活动进行的组织保障，技术开发和采购是企业生产经营活动的前期技术、物质准备。要保证内部供应链完整、有效地运作，除了将企业经营基础活动包括在供应链中之外，更重要的是，必须将企业经营、支持活动纳入供应链中。内部支持为经营活动做必要准备，它们与外部支持共同服务于营销，而服务是企业的增值和回报顾客的环节，也是企业为了获取持久利润，赢得顾客信赖的一项不可缺少的活动，此链节处于内部供应链的最后。制造企业应用内部供应链，将过去经过多个环节、由多个部门共同完成的经营活动都纳入这条"主线"之中，更利于企业优化经营活动，创造价值。

电子商务在制造企业中的应用，不仅可以改变传统企业价值创造环节之间的联系，而且能对体系中的价值环节进行重新组合。即应用电子商务改变和提高了企业利用资源的方式和效率，从而使企业的价值创造方式发生改变。另外，传统企业一般都是在有形的世界中来完成这一系列环节，形成有形的价值链。而电子商务模式可以利用企业内部网络的种种特性替代上述有形环节，形成无形的价值链，并创造出更多的价值。

如何在构建的企业内部供应链模式中创造价值，下面从分析企业应用电子商务之后主要经营活动和支持活动的过程来说明这一点。

（1）可利用资源分析

传统企业往往因时间和空间的限制，导致获取的信息滞后和信息流通不畅。企业应用电子商务后，在开放的网络信息平台下，可利用无限的信息量和能够及时获取的信息资源，为组织决策提供支持。此外，企业还可以根据市场的发展变化对资源进行再造和重组，使这些资源发挥出比传统组织更强大的价值创造力。

（2）内部支持分析

应用电子商务，使企业在库存控制、材料处理方面具有较高的组织能力，使应用电子商务的组织能够在最短时间内处理大量的信息，缩短对市场的反应时间，便于做出相应的决策和快速调整战略方向。

（3）运营分析

灵活和分散网络化的制造思想，使应用电子商务的企业可将生产成本分散于多个合作伙伴，将生产成本压缩到最低限度，达到低成本高回报的目的。这也使得企业能将技术、资金和人力资源集中到核心价值创造力和竞争力上。

（4）外部支持分析

所谓外部支持，是指物流配送体系。但目前国内这个市场还不够成熟，但随着第三产业物流配送的发展，这个问题将迎刃而解。企业也可以通过"虚拟企业联盟"，使用EDI（电子数据交换）与合作伙伴搭成一个物流配送系统，与第三产业共同解决这个难题，避免或减少企业独自建立物流体系的成本。

（5）营销分析

通过企业网站，向顾客传达商品信息、提供维修、保养等服务。建立特色网站，开拓全新的企业文化和经营理念，吸引顾客和合作伙伴，并根据浏览网站的个人或企业的有关资料，掌握顾客的信息反馈和竞争对手的动向，进而更快、更准确地开拓真正意义上的新市场。

（6）服务分析

网络使企业能够24小时为顾客提供服务，在时间和空间上具有比传统企业更大的灵活性。企业可将一部分产品价值让渡给消费者，从而培养忠诚的固定消费群体。另外，其他不能通过网络实现的服务，企业可以将其外包给企业的代理服务商完成。

（7）基础设施分析

企业利用内部网络和管理信息系统，使企业的经营公开和透明，而且应用电子商务可以较好地监督计划的实施和财务运作状况，便于掌握质量控制标准，减少操作误差。

对于应用电子商务改造企业内部组织形式的模式来讲，企业在内部供应链中应用电子商务，表现出比传统企业形式具有更强大的价值创造能力。但是这种模式的应用，离不开企业组织形式上的保障和支持。企业也只有在组织形式上应用电子商务进行改造，实现组织结构的调整，才能够持久、稳定地支持这种模式在企业中的应用，从而创造更多的价值。基于传统组织形式出现的弊端，可应用电子商务模式优化其管理。这种管理模式区别于传统形式的重要特征表现为：组织形式扁平化、网络化；组织性质柔性化；组织管理透明化。针对传统组织形式的不足，在应用电子商务优化组织形式时，应遵循分权性原则、简单性原则、协调性原则、柔韧性原则和整体性原则。

2. 制造企业构建产业供应链

制造企业可以通过互联网的对接，一方面可以在网络中获得先进技术信息和市场信息，从而在技术开发方面能够紧跟时代潮流。另一方面，也可以与其他企业建立战略联盟，一起进行技术开发。制造企业要想成功地应用电子商务，不但要构建产业供应链，而且还必须在此基础上建立起卓有成效的产业供应链管理。只有通过产业供应链管理才能灵活、高效地应用电子商务。

产业供应链及其管理模式应注意以下几点：

（1）企业与上游供应商

企业与上游供应商组成"虚拟企业"。所谓"虚拟企业"就是一种基于竞争—合作关系的企业动态联盟，它们之间实现资源、信息、技术的共享，实现优势互补，通过彼此之间的利益关系和共同价值目标而进行的联合。它能以"电子"速度对订单做出反应，当订单传至企业信息中心时，由公司控制中心将订单分解为若干子任务,并通过企业信息网发送给各个独立的上游供应商。上游供应商按其下游企业的要求进行生产、交货。企业产品只需在车间完成组装和系统测试,最后出厂,这样可以大大提高企业的运行效率。并且,通过网上竞价购买方式,可使企业有更优的选择方案,从而降低采购成本,得到最优的产品质量。企业与上游供应商通过一系列事先定好的规则约束,实行风险共担、利益共享原则。

(2)企业与下游经销商

企业生产好产品后,下一环节就是与下游经销商的合作,同样组成"虚拟企业"。经销商根据市场变化和顾客的要求,将相关信息加以分解,并快速地通过网络传给它的上游企业控制中心。上游企业控制中心接到订单后,将其分类整理,一方面通知发货,另一方面又将订单通过信息中心,再传递给上游供应商,进行下一批产品配件的预订。这样供应链上产品生产环节完成一次循环。通过电子商务与经销商合作,可以借助经销商已有的完善销售网络,达到快速占领市场的目的,解决企业物流配送的问题,并将从经销商广泛的销售渠道所反馈的市场信息,通过反馈到上游企业,使企业第一时间了解市场供需状况及顾客的消费倾向,为企业提供决策依据,从而快速调整市场投放比例、产品类型,制定市场策略等。

(3)企业与代理服务商

目前,企业目标应该由利润最大化向顾客满意度最大化转化,因为顾客才是企业利润的无穷源泉。企业为了使顾客对企业的产品产生偏好和忠诚,就必须有良好、高效、方便的售后服务作为保障。除了部分咨询服务可以通过企业网站解决之外,企业可将大部分业务外包给专业化的代理服务商,企业只需向代理商提供必要的技术支持即可。

(4)企业与科研机构

速度因素在企业竞争间的作用日益突出,由于技术进步速度加快,产品更新周期越来越短,这要求企业以最快的速度对市场做出反应,推出自己全新的功能强大且适应市场的产品。但单独依靠企业自己的科研部门显然越来越难满足要求。只有借助于"外脑"——独立于企业之外的科研机构的合作，才能更好地适应企业技术创新的需要产品开发周期，提高开发质量。网络的便利性使企业可与多个科研机构合作。企业向科研机构提出合作项目，共同研究开发，实现科研成果快速转化为生产力。企业与科研机构还可以通过协商，以"技术入股"等方式，调动科研机构参与的积极性。

第四节 信息共享的实现方法

一、企业自建信息系统

通常，企业自建信息系统包括以下两种方案。

（一）选购成品软件的方案

选购成品软件方案即企业直接从市场上不同的软件开发商那里购买较为成熟的软件以满足信息共享的需求。但由于软件不是量身定做的，所以绝大多数企业针对不同的业务，在不同的时期需要使用不同的软件。这就导致企业必须长期对大量不同的应用软件及其支持平台进行维护。同时，由于各种软件使用的数据库代码和结构千差万别，使得维护、整合不同数据库信息变得非常困难，这就给需求信息共享带来了一定的困难。因此，企业不得不耗费大量的时间和精力来处理这一问题，以转换并统一各种数据类型。

（二）企业自制的方案

企业自制方案即企业根据自身的业务状况，由软件公司或企业部门专门构建信息系统以满足信息共享的需要。其优点是该信息系统是针对企业的具体业务专门开发的，具有较强的针对性，比较适合该企业的业务现状，在一段时间内使用起来比较方便。但其缺点也是显而易见的：首先也是最重要的一点，自制方案在绝大多数情况下只考虑了企业当前的业务状况，而忽略或较少考虑企业未来的发展规划和业务方向。对于某条具体的供应链来说，链上的企业是一种动态的联盟关系，它会随着链上企业战略目标的改变而消失或重组。企业自制的信息系统通常只考虑了它与当前所在供应链上的其他企业信息系统的兼容性问题，供应链的变动容易使企业陷入信息系统与业务发展需要不匹配的矛盾之中，即与新组建的供应链上其他企业的信息系统存在不兼容的问题。其次，就是"自制方案"需要高昂的开发、维护成本和巨大的时间投入。

二、企业外包租用信息系统

随着市场竞争的加剧和信息技术的高速发展，企业开发一个信息系统不仅需要耗费大量的人力、物力、财力，而且开发周期较长。在这种情况下，外包租用方式比起企业自建信息系统有着明显的优势。所以，外包租用方式以其应用速度快、总投资成本较低、不需要承担维护和管理责任等优势，逐渐成为信息系统应用的主流模式之一。随着外包租用方式的发展，企业逐渐认识到它们真正需要的不是软件产品，而是一种应用服务。在这种背景下出现了一种崭新的信息系统外包模式——ASP(应用服务供应商)。ASP以其自身的特点，可以成为供应链上各节点企业共享信息的实现形式之一。

(一)ASP的基础知识

ASP即指应用服务提供商通过互联网或虚拟专用网络，将运行在自己服务器上的应用系统出卖或出租给需要使用这些应用系统的企业而收取租金的公司。这些公司或是自己开发应用系统，或是从应用程序供应商那里直接购买应用系统。使用应用系统服务的企业不再负责与应用系统有关的建设、维护等工作，它们只需要一台简单的PC机，加上浏览器软件及很少的客户端软件，通过互联网或虚拟专用网络，登录到位于远端的集中式服务器上特定应用系统中去，就可以在本地使用该应用系统。

与传统的信息技术外包业务相比，ASP外包服务的目的是为企业提供各种应用服务，规模可大可小、复杂程度可高可低，应用软件系统不一定要求复杂的硬件设施，完全以开放平台为主，以互联网作为连接手段，应用行业内标准和成熟的软硬件。与LSP（互联网服务提供商）和ICP（互联网内容提供商）相比，ASP业务范围比较广泛，可以涉及企业的方方面面。服务费用的计算也相当灵活，既可以按使用的应用软件付费，也可以按使用的连接数、数据流量或数据储存量付费，还可以按月租的方式付费。ASP具有以上高效率、低成本等优点。尽管ASP最初是为了解决中小企业普遍存在的资金困难和渴望信息化管理这一矛盾而发展起来的，但是，目前其服务对象已经扩展到了世界500强企业。国外ASP的成功应用以及我国广阔的中小企业市场，有力地刺激了国内ASP的发展。ASP作为一种新兴的商业模式越来越被企业所接受。

供应链上的各点企业可以采用ASP这种崭新的信息系统外包模式。在这种模式中，ASP为供应链上的企业提供了一个公共数据的共享平台，方便供应链上各节点企业间实现信息的双向交流，从而有效地减缓牛鞭效应。ASP在供应链中充当了信息平台的作用，它的存在有利于供应链中零售商、经销商、生产商之间的信息共享。由于应用服务提供商提供了大量的应用服务，同时也为企业提供了各种基础设施，使得企业内部不需要购买昂贵的、用以支持信息系统的应用服务器、数据库服务器以及相关的设备，企业只需要简单的客户端设备（如个人电脑、移动电话等）即可以利用局域网或互联网与ASP进行交互式的数据操作。

（二）ASP外包模式的风险

虽然ASP外包模式具有许多优点，但是作为一种新兴的运作模式，它同许多战略一样是把双刃剑，它在带来效益的同时，也潜藏了许多战略性的风险。

ASP外包模式的风险主要包括：

1. 企业使用ASP所面临的首要风险是安全问题

供应链上企业使用ASP与其他企业共享需求信息时，就会将企业的一些销售数据或信息保存在ASP的数据库服务器上，这对ASP的安全性能和职业道德要求很高，一旦哪一项出现问题，企业就会面临信息外泄的危险。

2. 使用 ASP 所面临的成本风险

在不完全信息和信息不确定性的情况下,准确地观察和评估供应商的行为非常困难甚至是不可能的,因此企业会面临巨大的机会主义风险。特别是当企业被单个供应商锁定时,即当从一种品牌技术转移到另一种品牌的成本非常高时,企业就处于被锁定的状态,其转换成本往往巨大。因此,为了获得信息系统外包的利益,企业必须承担相应的成本。ASP 外包的成本通常由进行交易产生的显性成本、合约风险,以及组织间协调产生的隐性成本所构成。如果供应链上的企业在外包过程中决策的失误或风险防范意识较差,可能出现使用 ASP 成本较高的情况,这是与节约成本、分享信息技术进步的初衷背道而驰的。

3. 企业还将面临许多潜在的风险

例如,由于 ASP 外包合同的短期性或松散性,使企业难以与外包伙伴形成真正的战略同盟,从而使信息系统外包合同缺乏柔性,忽视外包关系管理所导致的外包服务水平下降以及企业与信息系统提供商之间文化与目标的差异导致的不相融,因信息系统外包租用导致企业员工士气和信心下降等一系列风险。

(三)ASP 外包模式的价值

从管理角度分析,ASP 模式是信息系统外包模式的一种战略性的商业创新方案,它所表现出的价值主要包括以下几方面:

1. 业务流程方面

ASP 提供的信息共享平台可以将企业信息技术部门从信息系统的日常维护管理中解放出来,使企业可以集中更多的人力、物力专注于自身核心竞争力的管理,提高工作效率,创造出更多的价值,这是信息系统外包的最根本原因。例如,银行的核心竞争力是金融,没有必要雇用大批的网络人员来维护自己的网络,交给网络公司去做会更有利。

2. 成本方面

成本方面的考虑是选择外包租用的另一个关键因素,供应链上的企业通过租用 ASP 的应用系统，可以削减企业信息系统建设方面的开支、控制成本，从而解放出一部分资源用于其他方面，同时也避免了计算机技术黑洞现象的发生。另外，对于那些没有能力投入大量资金和人力从硬件基础开始构建企业信息框架的企业而言，ASP 外包模式恰好可以弥补企业这方面的不足，而且 ASP 服务的计费方法灵活，既可以按使用的应用软件付费，也可以按使用的连接数、数据流量或数据储存量付费，还可以按月租的方式付费。因此，ASP 外包模式的引入，可以为供应链上各节点企业节省信息系统建设的开支。

3. 技术方面

通过 ASP 外包模式，企业可以将信息系统建设和维护交给最适合企业情况的专业公司完成。企业可以充分利用 ASP 高水平的信息技术和应用系统，建立完善的信息共享平台；同时还可以解决企业因供应链上结盟企业的变化，出现的企业间信息系统不兼容的问题，增加了供应链中各节点企业的战略柔性。另外，一项新技术出现后，大多数企业由于费用和学习曲线的缘故，很难立即将新技术纳入实际应用。ASP 外包模式可以使企业借助外包商与现有的、未来的技术保持同步的优势，改善技术服务，获得接触新技术的机会，实现以花费更少、历时更短、风险更小的方式推动信息技术在企业发展中的功能。

第七章 全球化供应链管理

第一节 全球化供应链管理的相关概念

一、全球化供应链的含义、类型与特征

(一) 全球化供应链的含义

全球化供应链，又称全球网络供应链。在这种供应链体系中，供应链的成员遍及全球，生产资料的获得、产品生产的组织、货物的流动和销售、信息的获取都是在全球范围内进行和实现的。在这种全球化供应链中，企业的形态和边界将发生根本的变化，甚至国与国之间的边界概念也产生了巨大的变化。这种区域的界限在全球化供应链上的业务经营中将被逐渐淡化。在一个理想的、真正意义上的全球性供应链中，从投入产出到流通消费的整个供应链流程，就像不受国界的限制一样。国际化供应链的运作是按照国际分工协作的原则，它利用国际化供应链网络，实现资源在全球范围内的合理分配、流动和优化配置，促进全球经济的进一步发展。

在全球经济一体化的环境下，企业要参与世界经济范围内的经营和竞争，就必须在全球范围内寻找生存和发展的机会。在国际市场的驱动力、技术的驱动力、全球成本的驱动力以及政治和经济的强力驱动下，使得有能力实现海外业务的企业迅速向国际化经营转变。因此，在全球范围内对原材料、零部件和产品的配置已成为企业国际化进程中获得竞争优势的一种重要经营手段，全球资源配置已经使许多产品是由哪国制造的概念，变得越来越无法界

定。原来由一个国家进行开发、设计、制造出的产品，现在完全可以利用国际化的供应链网络、先进的通信技术和迅捷的交通运输，由分布在世界各地的能实现成本最低、利润最大的企业来完成。

跨国公司正在由各国子公司独立经营的阶段，向围绕公司总部战略，协同经营一体化发展。这些都对国际化供应链的管理和应用提出了更高的要求。因此，这些都表明全球网络供应链对全球化企业的经营运作，具有越来越重要的地位和作用。随着中国加入WTO，对外开放的步伐将进一步加快。一方面，国外的商品和服务将更容易挤入国内市场；另一方面，大型国际企业将增加对中国的投资，进一步挤占国内市场份额。这将使国内商品和服务市场出现更加激烈的竞争，使国内企业面临更加严峻的挑战，这将迫使企业必须积极实施国际化发展战略，在更广阔的空间参与国际经济竞争，去寻求新的生存发展空间，获取稀缺资源和市场份额。例如，海尔集团发展跨国经营就是在国内市场竞争日益激烈、价格战在家电领域频繁发生的背景下进行的。国内市场生存空间的挤压是海尔走出去的内在要求。

（二）全球化供应链的种类

全球供应链包括从较为初始的以国内市场为主的国际供应商，到较为高级的真正的全球性供应链等形式。下面四种类型各有其特点：

第一，国际配送系统。这种系统的生产以国内为主，但配送系统与市场有一些在海外。第二，国际供应商。这种系统中，原材料与零部件由海外供应商提供，但最终的产品装配在国内一些情况下，产品装配完成后，会再运回到海外市场。第三，离岸加工。这种系统中，产品生产的整个过程一般都在海外的某一地区，成品最终运回国内仓库进行销售与配送。第四，全球性供应链。这种系统中，产品的进货、生产、销售的整个过程都发生在全球性的不同工厂。真正意义的全球性供应链的流程不考虑国界的限制，当然这是不可能的。其实，全球性供应链的价值的实现就在于利用国与国之间的边界。

（三）全球化供应链的特点

当今，随着企业经营规模的不断扩大、国际化经营的不断延伸，出现了一大批立足于全球经营和全球销售的大型跨国企业，这些企业的出现不仅使世界上都在经营、消费相同品牌的产品趋向于标准化，而且产品的核心部件和主体部分也趋于标准化。在这种状况下，全球型跨国企业要想取得竞争优势，获取超额利润，就必须在全球范围内分配利用资源，通过采购生产、营销等方面的全球化，实现资源的最佳利用和发挥最大的规模效益。但是，在此过程中有两点是必须加以关注的：一是全球市场的异质性或多样性，决定了企业"从外到内"的思维方式，即在充分了解不同国家市场需求差异性的基础上，通过差别化的产品和服务来满足不同群体的顾客需求，而成本的控制也必须建立在这种前提下，或者说企业不仅要考虑通过规模经济的实现来降低成本，更要考虑积极发挥范围经济，既满足多样化的要求，又能有效降低费用；二是当一个企业服务全球市场时，供应链物流系统会变得更昂贵、更复杂，结果导致前置时间延长和库存水平上升。因此，综合上述两个问题，企业在实施全球化供应链运作时，必须处理好集中化与分散化物流的关系。否则，将难以确立起全球化的竞争优势。从当今全球化供应链物流运作的实践看，出现了三种形式的发展趋势。

1. 全球化的生产企业

在世界范围内寻找原材料、零部件来源，并选择一个适应全球分销的物流中心以及供应关键物资的集散仓库，在获得原材料以及分配新产品时。使用当地现有的供应链物流网络，并推广其先进的物流技术与方法。

2. 生产企业与专门第三方物流企业的同步全球化

随着生产企业全球化的进程，将以前形成的、完善的第三方物流网络也带入全球市场。

3. 国际运输企业之间的结盟

为了充分应对全球化的经营，国际运输企业之间开始形成一种覆盖多种航线，相互之间以资源、经营的互补为纽带，面向长远利益的战略联盟。这样不仅使全球供应链物流更能便捷地进行，而且使全球范围内的物流设施得到了极大的利用，有效地降低了运输成本。

二、全球化供应链管理的相关内容

(一)全球化供应链管理的含义

全球化供应链管理是应用供应链管理的基本理念、模式、工具和手段等，对全球网络供应链的经营运作进行控制和管理。在形式上，它是供应链管理功能的一种扩展和延伸。它的基本原理与前面介绍的供应链管理的原理相同，只是管理对象更加复杂、管理范围更加宽广以及管理模式更加多样化。

如果说全球化供应链是全球经济一体化的必然产物，那么全球化供应链管理就是企业乃至整个社会实施全球化战略的必然要求。全球化的经营使供应链运作的范围扩大。在初期有可能引起成本增大、效率降低和组织的细化和分散，也会使管理的难度加大，使企业间，特别是异国企业间的沟通交流非常困难，协同运作更是难上加难。然而，运用全球网络供应链管理的理念和模式，利用它的解决方案软件系统和其他信息技术作为手段和工具，特别是借助互联网的低成本、高效能的信息传输平台，消除了信息交流和共享的障碍，加强了企业间的业务交流和协作，集成了它们之间的业务流程，加速了业务处理速度和对市场和客户需求的响应速度，提高了企业和整个供应链的管理效率。因此，可以说，全球化供应链管理是国际企业间资源集成的桥梁。它使全球资源随着市场的需求可以实现动态组合，以适应不断变化的客户需求和服务，实现企业间多形式的合作，使它们更具有联合优势，并从全方位的角度考虑资源的整合。

每天，在全球范围内要发生数以亿计的交易，而每一笔交易都是供应链上发生的事件。当前，供应链上环环相扣的业务从对市场和客户的需求分析、对资源进行供给管理、对新产品的研究开发、对策略资源的获取、产品的加工制造、分销和出售，一直到订单的履行交货和运输配送等，都必须纳入全球化供应链管理的范围之内。可想而知，经营需要做出决策，流程需要进行优化，其业务处理事件之多、信息量之大，致使管理的难度要比对一般供应链的管理更复杂，也更困难。因此，必须利用先进的信息技术，利用全球化供应链的管理软件系统和其他先进的信息技术,对信息进行精确、可靠和快速的采集与传送,有效地处理好这些复杂的事务。今天,互联网和电子商务技术提供了一个对全球化供应链上的信息交流和处理的强有力手段,使供应链成员间通过互联网进行信息共享和交流,在电子商务平台上来实现企业业务之间的协同运作,合理调配供应链上的资源,加速存货与资金的流动,提升了供应链运转的效率和竞争力。因此,这些新技术的出现,为全球化供应链管理提供了巨大的支持和保证。

(二)全球供应链管理的特征

第一,它能按需提供信息,为管理人员强化管理提供了方便。第二,它能跨越组织边界将供应链中各相关的组织单位联结起来,并协调各组织间的关系和运行。第三,由于各组织的协调运行直接通过实时信息交换进行,无须人工干预,因而它的有效控制和协作范围均比以前有所扩大。第四,它可将运行合作关系扩大到各个外部组织单位之间,并可对合作方的分离做出反应,鼓励进一步向第三方寻求外援。第五,它在集中控制的同时,还能将决策能力分散给各地区组织,它允许各地区组织互相了解它们决策后所产生的相互影响。

显然,能成功地管理物流和产品流各个阶段的系统,并不能成功地从整体上管理供应链尤其是全球供应链。在信息流通道中,通常存在着各种障碍,这些障碍使信息在供应链中发生扭曲和失真,并且发生延时。在供应链管理中,存在这些障碍的原因主要有:首先,管理人员反对用正式的信息系统作为规划基础;其次,尽管有关各方十分明确供应链的总体目标,但他们常对规划结果不感兴趣;再次,缺乏直接进行战略决策的发起者和组织者,使系统处于无组织的真空状态;最后,对组织系统和信息系统现有的安排,可能会引出新的与以前截然相反的新战略。

成功的供应链管理,一方面正在向全球化发展并在不断地取得进展,它需要得到组织的支持,以使其向有利于管理的方向发展;另一方面由于它的目标范围广大,又使各组织难以接受,这是目前建立信息系统所必须重视和应予以解决的一个问题。

成功地实现全球化供应链管理的关键因素有四个：

第一，实时的全球化可视性。这种可视性必须是横跨整个供应链并具有前瞻性。它使供应链上的每一个成员都能够洞察整个链上可能发生的事情，以便及早制订计划。第二，资源的合理利用性。它是对资源的供应和来源进行优化配置，合理地实现社会分工和资源整合，以降低整个供应链的总运作成本。第三，下游间企业的协同性。它可以使所有供应链成员共享业务信息，使他们的业务活动能像乐队队员按同页乐谱演奏那样，将延误和不协调的程度降到最低。第四，快速响应性。它要求供应链上所有成员针对市场和客户多变的需求，及时抓住机会，推出新产品和满意的服务，抢先占领市场。这四个因素是缺一不可的，只有运用好这四个关键因素，取得综合效益，才能使产品和服务快速通过供应链，为企业、整个社会快速、低耗和高效地创造财富。

（三）全球化供应链管理的功能

任何一个公司，甚至大型的跨国公司，采用一体化的全球性供应链管理的过程都是循序渐进的，并非一蹴而就。实施全球性供应链管理必经几个重要的发展阶段。以下从公司的五项基本职能入手，即产品开发、采购、生产、需求管理与订单履行，简要说明全球化供应链管理的主要功能。

1. 产品开发

产品的设计应便于修改，以适应不同的主要市场，并能在不同机构内制造出来。这种设计有时虽难以实现，却十分有用。尽管设计不同市场都通用的产品比较危险。但还是可以设计出一种基础产品，该设计易于修改，以适应不同市场的需要。这方面，国际产品设计团队有助于这一工作的开展。

2. 采购

从全球的供应商，采购重要生产物资对公司比较有利。这样可以保证原材料的质量与灵活的发货期，而且采购人员也可以比较不同供应商之间的价格差别。同时，全球范围内的供应商，也能够对全球性供应链的灵活性提供保证。

生产分布在不同地区的多余能力与工厂，对公司实现地区间的生产转移至关重要。这种转移充分利用全球性供应链。为了实现这种转移，必须建立有效的交流系统以实现供应链的有效管理。其中，集中式管理对这种系统是很重要的，这种管理必须提供集中化的信息。集中式管理在做决策时，有关工厂、供应商与存货现状的信息都是必需的。另外，由于在一个复杂的供应链上，各个工厂是互为供应者，工厂与工厂间的有效交流与集中管理，使链上的生产厂家可以对当前的系统状况十分清楚。

3. 需求管理

一般情况下，需求管理是根据地区的需求预测，与适宜的产品制订整体的促销战略与销售计划的。为了实现供应链的一体化管理，公司的需求管理应该在一定程度上具有集中化的特征。同时，以地区为基础的分析，可以提供需求管理需要的以市场为基础的敏感信息。因而与生产一样，链上各个单元间的交流，对于全球化供应链管理的成功是十分重要的。

4. 订单履行

为了成功地利用全球性供应链系统的灵活性，集中式的订单履行系统是十分重要的。这样，各个地区的消费者就可以从全球性供应链上方便地拿到产品，就像从当地或地区供应链上订货一样。如果这一过程十分不方便，顾客就会转向别处，那么全球性的供应链提供的灵活性就变得毫无意义。只有当公司已经为柔性供应链战略做好准备，它才能充分利用全球供应链去运作。

（四）全球化供应链管理的系统

全球供应链管理系统由数据驱动，因而全球供应链尤其需要标准化数据。供应链包括供货、生产、装配、运输、批发等多种环节。数据由客户订货开始，各种交易随之在上述各环节发生，并以成品运到客户为终止。各种数据通常通过 EDI 完成。数据交换远比订货这一起始交易更为重要，它们在协调各组织单位间运行、预测和生产运输能力规划中起到了基础的作用，它们是企业进行战略决策不可缺少的环节。

（五）建立和改善全球网络供应链

第一，在规划网络内的设施数目、地点及规模时，必须要根据市场和客户的需求、自己的资源和能力以及可使用的供应商与合作伙伴的资源，来进行总体规划。同时，由于涉及海外运输业，还需考虑到各个国家、地区的政策法规、人文状况、经济环境、当地的资源配置和基础设施等情况。

第二，要根据供应链下游市场和客户的需求逐层向上确定网络结构中每一层货物的进出总量，每一个节点的供应范围和数量，如生产数量、储存数量、加工数量和配送数量等；确定节点间的运输工具与方式、运输路线、数量和规模等；还需要注意各层次间的资源调配、能力匹配和业务流程间的有机衔接。例如，为了保证供应链上的全球物流畅通，可以考虑用分段联运制的运输方式，充分发挥每一区域的地理优势，以节约成本；或为了节省基础建设的投资，可尽量利用供应商、中间商、合作伙伴和服务商甚至是客户的仓库资源，并使这些资源和能力配合协调或避免在供应链上出现某一层仓库储存过多、过长，导致供应链不均衡的状态等。

第三，在构建和完善物理网络的同时，也要构建完善的信息网络，利用先进的信息技术实现信息的集成和共享，以及各项业务流程的集成和整合，为供应链上的各项业务服务。特别是要充分利用互联网和电子商务技术在国际业务中的运用，缩短时间和空间的距离，加强交流、减少成本，实现供应链上下游间的协同运作。

第四，网络规划要考虑现代信息技术、生产技术和物流技术的发展，使整个网络具有可伸缩性和可持续发展性，以备将来的扩张和扩建。

第二节 全球化供应链管理中的问题

随着国际市场的开放，越来越多的公司正逐渐发现这样一个事实，即他们必须从全球化的角度来思考问题，从而保持一定的竞争优势。一些专家主张，即使是那些产品从未离开过本国口岸的公司，也必须具备全球化的思维模式，以便应对全球化供应链的运作。

所有这些都是供应链的潜在压力，而当专家们讨论周期时间以及推动型和拉动型供应链时，却往往忽视了这些压力。如果你的商品因为不符合相关的监管条例、规格标准和检测惯例而被困在全球各个海关的仓库里时，那集全世界所有的理论之力也无法让你的供应链启动。以下便是运作全球化供应链时，可能会出现的一些问题：

一、文化和语言障碍的相关问题

那些低估了文化差异与语言障碍的威力及压力的公司，在全球化市场上已经付出了代价。一些大型公司很早就认识到，如果要在供应链中保持良好的信息流通，就必须解决好语言障碍问题，更不用说其他更高级的全球化沟通问题了。文化差异极为微妙，不同的价值观和工作惯例也会发生作用。

二、关于遵守进口／出口有关法规条例的相关问题

公司并不是一定要直接参与国际贸易，才会遇到有关遵守进口、出口法规条例的问题。如果它们所供应的制造商在海外销售产品，就会发现自己必须遵守当地有关监管条例。此外在供应链中，为违规而承担责任的牵涉面比以往广泛了许多，这意味着一宗海外交易中的所有各方，包括供应商、制造商和专业货运公司，都必须确保遵守有关监管条例。

出口监管条例专家警告那些想要实行准时制生产和发货的公司。如果它们想达成准时制中所要求的那些最后期限，最好把遵守进口／出口有关法规条例的问题摆在头等重要的位置。一旦进入这个领域，如果发生不合规格或货运单证不符的情况而使货物无法在外国海关通关，则采购商的供应链情况就会变得"一团糟"。

进口商和出口商必须承担这个责任，坚持不懈地跟踪掌握外国市场中现行监管条例的变化情况。他们还必须时刻把握有关包装、标签、公共卫生及环保等其他一些有关方面的监管动态。

三、规格标准和检测相关惯例

规格标准是生产设计的基础。检测惯例为客户提供了保障，它确保一种产品符合卫生、安全与环保标准以及政府的监管条例。这些惯例就像胶水黏合着一个全新的全球化经济体系，但当它们被不恰当地使用时，就可能会成为一种有力的经济武器。因此，世界贸易组织（WTO）将其认定为一种新兴的非关税贸易壁垒。

当公司没能达到国家或地区级的规格标准和检测要求时，它们可能就会发现自己被排斥在了市场之外。这同样也会使供应链瘫痪。欧洲的情况就是如此，欧盟对卫生、安全与环保的 CE 认证标志，目前是进入该市场的一项必要条件。

此外，WTO 的官员们正在对 ISO9000 国际质量认证标准和 ISO1400 环保管理体系标准在一些国家的使用提出质疑。在那些国家，这些通常属于自愿非官方性质的标准被纳入了政府监管条例，而这正日渐被证实属于非关税贸易壁垒。欧洲就是如此。在那里，ISO9000 标准在诸如起搏器和电脑交换机等行业中，均属于必要的质量基准。

与此相关的问题就是国际规格标准和检测惯例，WTO 已将其认定为一种新兴的非关税贸易壁垒。那些未能达到国外规格标准和检测协议要求的公司，可能会发现自己产品的市场进入被迫延迟了。甚至更糟的是，它们可能发现自己完全被排斥在外国市场之外，而这同样也会造成供应链的瘫痪。

这个问题看似遥远。实际上，制造商并不一定要离开本国，或者甚至并不一定要与外国制造商有关系，就会面临国际标准规定的问题。例如，许多美国的跨国公司都已经将 ISO9000 国际质量认证标准作为对其国内供应商的一项要求。在一些情况下，零部件产品可能被要求具备欧洲关于环境卫生和安全性的 CE 认证标志，无论对直接与欧洲国家进行贸易的公司还是该类公司的供应商而言都是如此。

四、技术相关问题

尽管人与人之间的互动对于保持稳固的全球化沟通至关重要,并且人的技能在管理供应链信息流的过程中不可或缺,但如果缺乏先进的技术,同样也没有任何一家公司能够实践全球化的供应链管理。

公司有各种各样的备选方案可供选择,以更好地管理它们各自的资金流,我们一般将其称为"企业资源计划"或简称 ERP 软件解决方案。从计划到仓库存货管理与发货,它们几乎涵盖了所有的供应链职能。下一代 ERP 产品的目标定位超越了单个的企业和制造部门,旨在包括整个供应链以及各种服务性公司。这些解决方案中的大部分都正逐渐开始通过 ASP(应用服务提供商)在互联网上提供。

直到最近,电子数据交换都是最通行的供应链信息通信方式。它使我们得以通过一种安全的模式高速传输大量的数据。随着互联网的发展,许多公司正在利用互联网作为一种传输工具,同时也保留了电子数据交换通信方式。假以时日,这种电子数据交换互联网的组合将为新一代的 ERP 软件系统和应用所取代,这些系统和应用将处理所有的供应链职能,并提供电子商务功能。这一转换将促进"智能化联网"的实现,它将使全球网络得以实现灵活的互联互通。

五、信息管理相关问题

公司可能采用任何适当的先进技术工具,没有人在管理一个全球化的供应链时,会不关注信息在这些工具中的流动状况。准确性对于准时制发货和存货控制至关重要。信息不准确、数据遗漏以及货运延迟,都可能使整个供应链陷入混乱。

调查显示,货运及物流相关软件的生产商发现,客户最常遇到的错误就是没能发出完整的信息或无法及时生成必需的数据。

六、风险相关问题

(一) 风险评估体系概述

供应链风险的评估体系可以归纳为以下几个方面。

1. 经济背景评估

经济背景评估是指企业对整体经济波动和产业政策的评估。经济波动大、产业政策转型对某些供应链的影响就大，企业就可能遇到原材料短缺或产品成本上升的问题，甚至使某些供应链发生中断。但经济波动、产业政策一般是长期的，其风险一般较容易控制。

2. 经验评估

经验评估主要是指不可预见的因素，可以通过以往的数据进行预测评估。比如，企业在正常情况下，由于交通事故导致的供应链问题的大致概率是一个比较稳定的数据，企业可以根据这些数据来评估交通事故导致供应链的风险。

3. 整体评估

可以将供应商的财务状况、主营业务的变化、技术创新能力、企业的行业竞争力作为一个整体对供应商进行综合考察。供应商的变化对供应链影响最大，对供应商尤其是与供应材料有关的任何变化都应充分重视，应建立一套完备的评估机制。这种整体评估实质上就是一种综合信息评估。由于信息主导供应链的运作，可以从供应链管理中的信息手段、信息反馈机制、信息处理能力等多方面进行评估。一般来说，企业上下游间的信息有先进的通信方式、及时的反馈机制、规范化的处理流程，其供应链风险就小，反之就大。

(二) 供应链风险的预防

根据供应链风险的不同，可以分别运用各种具有针对性的措施进行控制。发展多种供应渠道，建立多地域的供应渠道，可加强对供应商的情况进行跟踪评估。为确保产品供应稳定，供应链上应发展多个供应渠道，而不能单依靠某一个供应商，否则一旦该厂商出现问题，势必影响整个供应链的正常运行。同时，在对某些供应材料或产品有依赖性时，还要考虑地域风险。比如，战争会使某些地区原材料供应中断，如果没有其他地区的供应，势必造成危机。除多地域建立多个供应商外，还需对每个供应商的情况进行跟踪，建立多种信息传递渠道，防范信息风险。

厂家—消费者—供应商，在供应链中起着多种作用，他们之间的互动日益加快，关系也变得越来越复杂。这就要求给予支持的网络基础设施必须确保供应链所要求的数据完整、可靠和安全。

供应链是多环节、网络化的一种复杂的系统，它很容易发生一些突发事件。供应链管理中，对突发事件的发生要有充分的准备。对于一些偶发但破坏性大的事件，可预先制定应变措施，制定应对突发事件的工程流程，建立应变事件的小组。同时，还应该充分利用现代物流技术，减小供应链的风险。现代科学技术的应用，可以有效地降低信息传输错误，并能够对风险及时进行控制。

第三节　跨国物流和运输

一、国际物流概述

国际物流是不同国家之间的物流，这种物流是国际贸易的一个必然组成部分，各国之间的相互贸易最终通过国际物流来实现。国际物流是现代物流系统中重要的物流领域，近十几年来有很大发展，它也是一种新的物流形态。

随着国际贸易壁垒的拆除、新的国际贸易组织的建立，若干地区已突破国界的限制形成统一市场，这又使国际物流出现了新的情况，其国际物流形式也随之不断变化。所以，近年来，各国学者非常关注并研究国际物流问题。物流的观念及方法随物流的国际化步伐不断扩展。

从企业角度看，近十几年跨国企业发展很快。因此，不仅是已经国际化的跨国企业，即便是一般有实力的企业也在推行国际战略。企业在全世界寻找贸易机会，寻找最理想的市场，寻找最好的生产基地，这就将企业的经济活动领域必然地由地区、国家扩展到国际。这样一来，企业的国际物流也提到议事日程上来。因此，企业必须为支持这种国际贸易战略，更新自己的物流观念，扩展物流设施，并按国际物流的要求对原来的物流系统进行改造。

对跨国公司来讲，国际物流不仅是由商贸活动决定的，而且也是本身生产活动的必然产物。企业的国际化战略的实施，使企业分别在不同国家生产零件、配件，又在另一些国家组装或装配整机，企业的这种生产环节之间的衔接，也需要依靠国际物流。

二、国际物流的特征

（一）物流环境存在差异

国际物流的一个非常重要的特点是，各国物流环境的差异，尤其是物流软环境的差异。不同国家的不同物流适用法律，使国际物流的复杂性远高于一国的国内物流，甚至会阻断国际物流；不同国家、不同经济和科技发展水平，会造成国际物流处于不同科技条件的支撑下，甚至有些地区根本无法应用某些技术，而迫使国际物流全系统水平的下降；不同国家的不同标准，也造成国际"接轨"的困难，因而使国际物流系统难以建立；不同国家的风俗人文也使国际物流受到很大局限。物流环境的差异迫使一个国际物流系统，需要在几个不同法律、人文、习俗、语言、科技、设施的环境下运行，无疑会大大增加物流的难度和系统的复杂性。

（二）物流系统范围广

物流本身的功能要素、系统与外界的沟通就已是很复杂的，国际物流再在这复杂系统上增加不同国家的要素，这不仅是地域的广阔和空间的广阔，而且所涉及的内外因素更多、所需的时间更长，广阔范围带来的直接后果是难度和复杂性增加以及风险增大。当然，也正是因为如此，国际物流一旦融入现代化系统技术之后，其效果才比以前更显著。例如开通某个"大陆桥"之后，国际物流速度会成倍提高，其效益显著增加。

(三)国际物流必须有国际化信息系统的支持

国际化信息系统是国际物流,尤其是国际联运非常重要的支持手段。国际信息系统建立的难度,一是管理困难,二是投资巨大,再由于世界上有些地区物流信息水平较高,有些地区较低,所以会出现信息水平不均衡因而信息系统的建立更为困难。当前,国际物流信息系统最好是和各国海关的公共信息系统联机,以及时掌握有关各个港口、机场和联运线路、站场的实际状况,为供应或销售物流决策提供支持。国际物流是最早发展"电子数据交换"(EDI)的领域,以 EDI 为基础的国际物流将会对物流的国际化产生重大影响。

国际物流的标准化要求较高。要使国际物流畅通起来,统一标准是非常重要的。可以说,如果没有统一的标准,国际物流水平是无法提高的。目前,美国、欧洲基本实现了物流工具设施的统一标准。这样一来,大大降低了物流费用和转运的难度。而不向这一标准靠拢的国家,必然在转运换车等诸多方面要多耗费时间和费用,从而降低其国际竞争力。在物流信息传递技术方面欧洲各国不仅实现了企业内部的标准化,而且还实现了企业之间及欧洲统一市场的标准化,这就使欧洲各国之间的系统比其与亚洲、非洲等国家的交流更简单、更有效。

三、国际物流作业的环节

国际物流作业是由商品的储存、包装、运输、检验、流通加工和其前后的整理、再包装、国际配送和信息管理等环节组成。其中,储存、运输、配送和信息管理环节是物流系统的主要组成部分。国际物流通过商品的储存、运输和配送等环节,在信息管理减少的支持下,实现其自身的时间和空间效益,满足全球化供应链运作上的贸易活动和跨国经营的要求。

(一)国际物流的储存环节

国际物流的商品储存功能与普通物流的储存功能基本相似,但它的运作地点主要是集中在各国的保税区和保税仓库里,因而涉及各国和地区的保税政策与保税仓库的建设问题。保税仓库是国际物流中一种特殊的、经海关批准专门用于存放保税货物的仓库。它必须具备专门储存、堆放货物的安全设施。保税仓库的出现，为国际物流的海关仓储提供了既经济又便利的条件。国际贸易和跨国经营中的商品，从生产国的工厂或集中仓库运送到附近的装运港口，有时还需要在港口临时储存一段时间，然后再装运出口。在抵达目的地港口后，货物仍有可能在仓库中储存，到需要的时候再送交到流通环节或客户的手中。然而，这并不意味着储存就结束了。如果货物没有被全部立即使用，仍需在客户或流通环节的仓库中储存。因此，可以看出储存业务频繁发生在物流作业中。从物流角度看，应尽量减少货物的储存时间及储存数量，以加速货物和资金周转，实现国际物流的高效率运转。

运输是把供应链中的库存从一点移到另一点，作用是将商品使用价值进行空间移动。物流系统靠运输作业克服商品生产地和需要地的空间距离。创造了商品的空间效益。跨国运输是国际物流作业的核心，国际贸易和国际化经营都是通过跨国运输将货物由卖方转移给买方。跨国运输可以采取多种模式与途径的组合形式，它具有地域广阔、交通工具和方式种类繁多、路线长、手续繁杂、风险性大、时间性强等特点。对于在国际贸易和国际化经营的货物，其运输费用在价格中占有很大比重，因而企业需要优化运输策略、模式和过程，以降低运输成本。国际运输的优化和管理主要包括运输策略选择、运输模式的选择、运输路径的选择和安排、运输单据的处理以及投保等。它们对供应链的响应速度和运营效率都有很大影响。

运输策略选择主要是在运送指定货物的成本和货物运输的速度之间做出选择，即在选择各种运输模式和不同的运输数量之间选择。这主要取决于企业采取何种竞争策略。运输的竞争策略又是为企业的经营战略服务的，是根据客户的需求而定的。例如，某个客户瞄准的是快速响应业务，这就需要运输服务商提供快速运送，同时也愿为这种快速响应做一些额外支出，那么企业就可以利用快速运输，选择快速响应需要的策略。反之，如果企业的竞争策略定位于以考虑价格为主的客户，则可以利用效率运输策略来降低成本。当然，企业也可以同时利用库存和运输来增加供应链的响应和效率，这时的最佳决策通常意味着在两者之间找到正确的平衡点。

运输模式包括运输工具和方式。选择运输模式，是把货物从供应链网络中的一个地点移到另一个地点所采用的方式。它有六种可供选择的基本方式。

1. 空中运输

它是实物运输中最快捷的方式，适合紧急货物的运输，其货损货差很少，但价格也最昂贵，在重量上也很受限制。

2. 铁路运输

它适用于大批量货物的运输，常担负中长距离干线的运输任务，其网络覆盖面较大和计划性较强，速度和价格都适中。长途货运费用较低，运输能力较大且不大受天气影响。缺点是不灵活、不机动。

3. 卡车运输

适于运送灵活性的货物，它速度较快价格又不太昂贵，可以实现门到门运输，其集散速度较快且灵活机动，适合城内配送，但由于其运输能力较小，成本相对较高，不宜长途运输。

4. 轮船运输

它是最慢的运输方式，长途运输的费用很低，是海外大量运输最经济的选择。

5. 管道运输

管道运输主要用于传输石油和煤气。用途和服务范围窄。

6. 电子运输

它所传送的"货物"都是以电子形式存在的，如音乐、影像、文档资料等产品，是最新的"运输"方式。它是通过互联网传送，其速度之快、费用之经济，是其他方式无法可比的。

运输路径的选择，是对运输货物所经过的途径和供应链网络节点进行的选择。企业在网络设计阶段就需要对整个结构进行优化，在具体选择运输路线时，也需要对成本和速度这两个因素进行考虑，从中选择出最适合自己的方案。

(二)国际物流的流通加工与包装

由于国际业务的特点,许多货物都需要在流通场所进行加工,并在加工前后进行整理和再包装。这些业务大多是在保税仓库中完成的。在国际贸易中,有些商品为了节约运输成本,都是采取大包装或整包装进行运输的,抵达目的地后需要分拆、整理、再包装之后才能进入市场。一种商品的包装对消费者的购买影响是非常大的。在跨国业务中,由于地域和文化的差异,在产品进入新市场时,消费者首先是通过包装来认识商品的,它反映了一个国家的综合科技文化水平;另外,国际运输需要经过较长的路途,可能要经由多种运输工具和方式,包装质量会影响到商品的质量和损害程度。因此,包装在国际业务中是十分重要的。国际贸易和国际物流业务都对商品的加工和包装有各种特殊要求,如必须按照国际的要求在质量、尺寸、体积、规格、批量、标识等方面与国际规则一致,实行标准化作业。

跨国贸易和经营需要将货物或商品从一国运往他国,一般来说,在进出海关时必须经过商品检验后方可放行。通过商品检验,确定交货品质、数量和包装条件是否符合合同规定。因此,商品检验是国际物流中的重要环节。

根据国际贸易惯例,商品检验既可以在出口国进行,也可以在进口国进行。此外,在出口国检验之后,在进口国仍要复验,即商品或货物在装船前进行检验,在到达目的港口后,买方有权对它们进行复检。在国际贸易中,从事商品检验的机构很多,包括卖方或制造厂商的检验机构、买方或使用方的检验机构、国家设立的商品检验机构、民间设立的公证机构和行业协会附设的检验机构。商品检验可以按生产国的标准进行,也可以按买卖双方协商同意的标准进行,或按国际标准或国际习惯进行。检验的方法、手段和仪器、器具与试剂也必须按照国际的惯例。此外,商品检验单还是国际贸易中议付货款的凭证之一,检验环节在某种程度上也可以在国际业务中起到减少风险的作用。

(三)国际化配送环节

配送可以实现物流系统化和规模经济的有机结合,它通过集中配送的方式，按一定规模集约并大幅度提高其能力，实现多品种、小批量、高周转的商品运送，从而降低物流的整体成本，使资源最终配置这一环节以大流通方式与大生产方式相协调，从而提高了流通社会化的水平，实现了规模经济所带来的规模效益。为了减少国际物流的成本，在出口时，企业多采用就地就近收购、加工、包装、检验、直接出口的物流策略，并将货物在配送中心"集零为整"进行配置，再按一定的方式运往出口目的地，这叫"集"配过程。同理，在进口国，通过在配送中心将大宗进口货物"化整为零"，按"越库中转配送"的方式，或是经过加工包装后，运送到不同的需方地点，这是"散"配的过程。因此，配送环节在国际物流业务中，实现了货物的集散功能。配送环节可以缩短进出口货物的在途积压，实现商品的增值，可节省时间和成本，加速商品和资金的周转。

四、国际物流信息化管理概述

国际物流涉及的地域宽、业务范围广，需要处理和传递大量的国际物流和商流的信息。必须有一个功能完善的综合物流管理信息系统，才能实现高速度、低成本和高效益的国际贸易和跨国经营。国际物流信息处理具有信息量多、传输量大、交换频繁、时间性强等特点，需要有安全、可靠和高速的传送基础设施。以前，国际贸易中主要采用EDI的传送方式，使国际业务实现了无纸化。现今，互联网和电子商务为全球信息传递提供了更快捷、更方便和更经济的手段，使全球化供应链上的成员之间，能够更及时地了解和掌握全球范围内的资源信息和市场需求信息，与供应链上的其他成员实现信息交流和共享，以便更好地开展物流业务。在物流管理系统中，其他先进的信息技术，如GIS、GPS、RF、条码、物流管理软件系统等，可以帮助物流运作实现决策科学化、储存自动化、采购电子化、配送过程无纸化、运输智能化等目标，来减少整个供应链上的库存量，合理安排运输区域和路线；提高车辆的利用率，加快仓储和配送环节中货物的处理速度，减轻作业强度，降低差错率,提高效率、节约成本,增加盈利,为全球化供应链的运作提供更好、更强和更多的服务与支持。

第四节　全球可持续供应链

一、企业社会责任与可持续供应链

(一)企业社会责任

道德和道德准则,是预防欺诈和贪污的一个重要因素。商务伦理道德是道德准则在商业环境中的运用。事实上,从更广的视角来看,商务伦理道德问题可能会在不同层次影响组织。

第一,全球化及工业化对环境的影响加剧,在更宏观的层次上,有可持续发展的需要。

第二,在公司层面,组织在制定如何与各种利益相关者打交道的战略和政策时会遇到各种道德问题。这些一般是指"企业社会责任"所覆盖的、组织为了利益相关者利益所采用的政策,包括公司治理问题。

第三,在个人层面,个人与组织供应链打交道时会面临道德问题。例如,个人是否要接受一些礼物或招待,这些东西会影响选择。

在供应链物流管理中,企业应重点履行四个方面的社会责任。

1. 坚守商务伦理道德准则、相关法规

第一,在供应链所有层次上,贸易、环境责任和劳动标准等都应符合商务伦理道德规范。

第二,坚守商务伦理道德框架和行为准则。

第三,承诺遵守关于消费者、供应商和工人保护的所有相关法律、法规。

2. 符合商务伦理道德的供应管理

第一,在采购中促进公平、公开、透明的竞争,避免不公平、欺骗的、操纵或胁迫的供应商管理。

第二，促进供应商的多源化、多样化，利用供应商选择的政策来促进社会与经济目标的实现。例如，促进供应商的公平机会和多样化、对本地和小型供应商多多支持、对少数民族企业多支持、实现运输路程的最小化（并减少对环境的影响和碳排放）等。

第三，在供应商开发与管理中注重商务伦理，例如，对供应商进行资格认证时要审核企业社会责任政策、商务伦理道德准则、环境管理体系、逆向物流和回收能力；对商务伦理中的道德模范供应商，应予以奖励。

第四，采购的物品也应符合道德规范，例如，获得"没有在动物身上做测试"的认证，采购物品不属于稀缺资源，在安全工作条件下制造等。

第五，承诺逐年提高供应商的收益，不压榨供应商，确保价格公平，尤其是在买方占据主导地位时。

第六，承诺对供应商的社会责任意识的教育、监督和管理，以确保供应商公平地对待员工并遵守环境标准。

3. 保护自然环境

要给后代留下一个健康的、可持续的、多样化的世界，要承担起这个责任，必须明白保护环境和经济增长并不是互斥的目标。时代在变，商业环境的推动力量也在变，环境保护可以是重要的推动社会发展的动力。由于对全球资源的过度开发与消耗，生态系统逐渐变得脆弱，环境保护成为影响人类生活质量的重要因素，同时也给企业带来了更多的市场机会。环境保护应首先集中在对各种污染的预防上，企业可以开发环保类产品、环保型包装和绿色生产工艺，自行制定环境保护规则，构建绿色、低碳供应链，满足追求环保的消费者的需求，树立良好的企业形象，形成自己独特的竞争战略。

随着环境保护的立法，保护自然环境已经成为企业不可逾越的"红线"。各类环境问题的责任追究与认定更加清晰，处罚及法律惩治更加明确。

4. 为所在地带来价值，尊重当地文化

企业应为当地社区、城市居民带来价值，遵守当地法律与习俗，为当地文化注入新能量。传播新技术，为当地带来就业，提升当地员工知识水平与能力；传播先进环保理念，促进当地环境保护；平等对待当地员工，提供安全健康的工作场所；倡导公平竞争理念，杜绝收受贿赂；为所有员工提供平等机会，杜绝性别、年龄等歧视。

现在，企业不能承担社会责任已经成为一种重要的商业风险，会产生重大的潜在成本。例如，某化工企业的超标排放，被当地政府依法关闭。某公司的装配工厂恶劣的工作条件被曝光，使畅销的品牌受到来自公众的压力，该公司供应商对环境的污染，受到环保组织的指责。

（二）可持续供应链

1. 可持续发展

1992年联合国环境和发展大会（UNCED）把可持续发展作为21世纪人类的共同发展战略，并正式提出了可持续发展的概念，标志着可持续发展理论的产生，其含义表明人类社会在经济增长的同时，也要适应并满足生态环境的承载能力，促进人口、环境、生态和资源与经济的协调发展。对于商业及贸易伙伴，可持续性如今被认为是一种正确的经济发展方式，要维护人类赖以生存的共同世界，也要维护组织的可持续性。

可持续发展考虑"三重底线"的理念，不仅要考虑经济方面，而且要考虑到环境，还要考虑到社会。

第一，经济可持续性。可持续的经济绩效及其对社会的效益（如就业、货物和服务的可持续获得性、纳税和社区投资等）。

第二，环境的可持续性。可持续的环境措施，要么有益于环境，要么对自然环境造成的不良影响降到最低。

第三，社会可持续性。对劳动力和企业所处的社会应该是公平、有益的，践行促进社会发展的商业实践。

企业及供应链运营应当符合可持续发展的要求，这样运营才是可持续的。企业的绩效不应当仅仅用营利、利润来衡量，而应当考虑对环境的友好，将环境的负面影响降到最低，促进员工的快乐和社会的和谐。

企业在环境方面和社会方面保持可持续性，可以从以下方面入手：

（1）确保组织获得政府部门的经营许可证。

（2）通过可持续品牌的树立，增加企业信誉，获得盈利潜力。

（3）将不道德的行为或不负责任的行为（或者有关的供应商不道德的行为或不负责任的行为）造成的信誉损失和风险降至最低。

（4）保护稀缺的、不可再生的资源。

（5）通过多种途径提高收益，降低成本，如节省资源，使资源浪费最小化；循环利用资源；减少包装和能源的使用。

（6）降低社会责任与道德风险。

2. 可持续供应链管理

目前，在全球化趋势影响下的供应链竞争战略已经成为企业的新型竞争力，可持续性供应链管理是企业的核心战略武器。可持续供应链管理（sustainable supply chain management，SSCM）是可持续理念在供应链管理中的体现，"在不阻碍子孙后代应对经济、环境和社会挑战等方面能力的前提下，满足现有供应链成员的需求的能力"。考虑到客户和利益相关方的需求驱动，通过系统协调跨组织的核心业务流程，对供应链中的物流、信息流和资金流以及与供应商等企业间的合作进行管理，对组织的社会、环境和经济目标进行战略的、透明的集成和实现。实施可持续供应链管理，在组织管理活动的发展模式、文化价值观、生产方式、产品性能和技术管理等方面突出人与自然关系，重新认识企业的社会责任，对知识和技术进行全面整合，是一种企业综合竞争力的提升和长期战略规划，对企业的可持续发展具有深远意义。

在可持续供应链环境下，可持续采购成为其中最重要的一种活动，包括绿色采购，还包括注重社会责任和财务绩效方面的采购等。可持续采购被认为是一项"考虑到对人类、利润和地球造成长期影响的购买产品和服务的过程"。

实施可持续采购战略的企业通常采取以下活动：

①推出可持续的环境友好型新产品/服务来增加收入。

②节省资源，提高能源效率，选择可持续的供应商，优化分销网络来降低成本。

③重视品牌管理，视信誉为生命，发展具有社会与环境意识的顾客群体来控制风险。

④打造企业社会责任和环境责任的品牌，提升这方面的信誉价值，构建企业无形资产。

⑤发展企业与关键供应商和顾客间密切的合作关系。

绿色采购理念来自环境保护意识，指为确保所购买的物料满足组织环境保护目标的活动，如减少浪费、消除风险、资源循环利用等都属于组织的环境保护目标。根据全球供应管理协会的规定，绿色采购是指在采购过程中所做出的决策始终考虑到对环境的影响，始于产品与流程设计并贯穿整个产品加工直至产品生命周期结束。

全球领先的某零售商是供应链管理的领跑者之一，近年来也带头实施可持续运营，如降低5%的包装费，这不仅意味着巨大的碳减排，而且还减少了运输和燃料成本。该零售商希望使用可再生能源，销售有利于资源和环境可持续性的产品，它要做环境、经济上都具有可持续性的公司。

二、绿色供应链与绿色物流

（一）绿色供应链

企业重视绿色供应链管理，上下游企业之间互相沟通，从产品最开始的设计到材料的选择、产品的制造、包装、物流、销售回收利用等方面都考虑到环境影响，体现绿色理念。企业在对产品进行设计时，要面向产品的全寿命周期，即在概念设计阶段，充分考虑产品制造、销售、使用及报废后对环境的影响，使其在产品再制造和使用过程中可拆卸、易收回，不产生毒副作用及保证产生最少的废弃物。产品内部构成部件尽量标准化、通用化，以便于在产品消费后回收利用内部部件。产品材料尽量选用一般材料,避免使用稀缺材料;尽量使用环境友好型、废弃后能自然分解且能被自然界吸收的材料;产品应以较少的材料承载相同的功能,或以同样的材料承载更多的功能。在生产过程中,全面实施清洁生产,有效使用和替代原材料,改革生产工艺和设备,改进运营管理,从而实现节能、降耗、减污。产品包装功能应当单一,应避免过度包装,同时提高物料利用率,做到省料,废弃最少。

针对功能型产品的供应链,可以评估其对环境的影响,对环境影响严重的部分,可以考虑改进,特别是使用环保替换件,新型材料或部件的替换有时会大大提升原有产品的性能。对于这类供应链,还应帮助供应商,成为环保友好型供应商。对于功能型产品中的重要一类——维护/维修/作业(MRO)用品,改进的机会更大,因为随着技术的发展,维修维护方式必然会发生深刻的变化。重视 MRO 用品也是对环境的贡献,因为良好的维护维修会延长产品生命周期,促进产品的再使用。对于创新型产品供应链,在设计阶段就应考虑环境友好特性。新型应用软件或者智能系统是受欢迎的创新方向。供应商选择要重声誉、重技术,运用有道德和可持续的长期采购战略,尽管创新型产品生命周期短,但供应的部件或原材料不会长期不变,但供应商的产品也可不断升级,随供应链产品而更新。

(二)绿色物流

1.定义

在物流过程中抑制物流对环境造成危害的同时,实现对物流环境的净化,使物流资源得到充分利用。绿色物流的目标是将环境管理导入物流业的各个系统,加强物流业中保管、运输、包装、装卸搬运、流通加工和废旧物资回收等各个部门的环境管理和监督,并配合政府相关的政策和法规,有效地遏止物流发展造成的污染和能源浪费。可见,绿色物流不仅指企业的绿色物流活动,而且宏观上也指社会化绿色物流设施、活动的管理与统筹。

2.内容

绿色物流具体体现在以下几个方面。

（1）绿色运输

环境污染的主要原因之一是运输产生的燃油消耗和污染。绿色运输，首先，要对运输工具、运输线路合理规划和布局，提高车辆装载率，缩短运输路线，缓解交通拥堵，使运输过程最优化，实现节能减排的目的。其次，使用清洁燃料，防止泄漏，提高能效，减少污染。物流运输安排应考虑交通拥堵时段，运用好时间窗口，促进共同配送的发展，发展物流联盟合作。另外，在宏观方面，城市也要规划好道路建设，注重公路、铁路、水路的衔接与交叉发展，构建综合的交通管制系统，还需要统筹物流园区建设。

（2）绿色仓储

仓库合理选址，仓储科学布局，利用先进技术，从而降低运输成本，提高仓储利用率，降低仓储设施能耗。有些物品在保管过程中会发生物理或化学变化，对周围环境存在潜在的危害，对这些物品应进行科学养护和维护。因此，应制订物品科学储存规划，采取一定的防护措施，抑制其变化、释放和泄漏，并建立环境管理体系和科学保管程序，以确保周围环境的安全，减少物品损耗和环境损失。

（3）绿色包装

避免包装过程中产生不可燃废弃物等，应选用简化的可降解的包装材料，提高包装材料与器具的利用率，控制资源的消耗。当前，很多企业使用绿色包装材料，如可食性包装，这种包装是可以食用的，比如，大豆蛋白可食性包装膜、耐水蛋白质薄膜、豆渣为原料的可食性包装纸等，这些都是可以食用的包装；可回收再利用的包装，啤酒玻璃瓶就是可回收的；纸质包装，如牛奶、饮料等液体食品的纸质包装盒就是利用无菌保鲜纸盒包装。

（4）绿色装卸搬运

减少装卸搬运环节产生的粉尘烟雾，减少泄漏和损坏，采用防尘装置，加强现场管理和监督。

（5）绿色流通加工

以规模作业的集中加工方式来操作，提高资源利用率。统一处理加工过程中产生的废料，以减少分散加工带来的污染。

(6) 逆向物流

逆向物流是指所有与产品循环、产品替代、产品回收利用和产品退回处置有关的物流活动，强调要有完善的产品召回制度、废物回收制度以及危险废物处理制度。逆向物流为了重塑产品价值，强调资源的回收再利用，它与顺向物流是相对的，它在一定的成本下，对未实现其本身价值的物品进行再加工利用，是绿色物流中一个非常重要的内容。

绿色物流的发展，不可忽视环境友好的文化建设与人的作用。应加强对企业员工绿色物流理念的宣传，可在仓库、货车等处张贴一些标语，可随时提醒保管员与驾驶员，对他们进行环保知识宣传。员工意识到绿色环保的重要性之后，会不自觉地应用到日常活动中，如驾驶员在等待装货和卸货的时候会自觉关闭货车的发动机引擎。

(三) 逆向物流中的退货管理

逆向物流发生在供应链的向上游的流动，退货是其中一个非常重要的内容。因为网上购物、直接到店和直接到户的出货量的增长，分销中的退货率呈现增加趋势。另外，利用廉价的和未经测试的供应商也造成相对较高数量的产品的退回或企业的召回。退货以及召回会产生额外的运输、装卸、维修、翻新、重新包装、转售、处置和销售损失，这无疑增加了企业的成本。更重要的，如果不能及时妥善处理退货，或尽快召回，就会对客户服务、公司信誉和营利能力产生较大的负面影响。

处置退货要考虑的问题很多，例如，信息系统是否可以处理退货并监视整个逆向过程，逆向物流过程中的工人是否经过培训，没有退货包装的产品如何识别，是否需要借助于检验和测试设备工具，如何将损坏的退货产品与正常销售库存分开。

退货成本远高于正向物流的成本，处理步骤也远多于正向物流。尽管如此，企业也要做好逆向物流系统，因为逆向物流系统的完备性直接影响着整个供应链的效益及顾客满意度，并且也会影响未来销售量的提升，直接影响企业竞争力。一个便利、快速的退货过程有利于吸引顾客，因为它可以降低顾客购买产品的风险，这是一个好的营销手段。退货往往意味着产品的缺陷，这类缺陷信息的及时返回可以供设计人员研究分析原因使用，由此成为改进产品质量、减少产品未来缺陷的新起点。当然，退回产品可以通过维修、坏件更换、翻新等创造价值。

三、低碳供应链物流

（一）碳足迹

从现有研究来看，碳足迹的度量主要从两个角度来衡量：一是以土地面积为度量单位，即吸收人类活动排放的二氧化碳所需要的生产力土地面积，碳排放量和土地碳吸收能力会影响碳足迹的大小；二是以二氧化碳排放量（或二氧化碳当量排放量）为度量单位，并且碳排放与碳足迹的关系也由此来进行区分。这里采用后者的定义，碳足迹即是碳排放总量。

目前，关于供应链物流碳足迹的测算，一种方法是基于供应链物流过程中的能源消耗量，不同的能源其碳排放系数不同；另一种方法是基于供应链物流运输距离的计算，根据单位运输距离的碳排放系数计算。

（二）低碳政策

低碳政策体系应从传统经济向低碳经济发展模式转型的高度，重新审视各行业政策措施，既参照已有的成功经验，也考虑发展经济的实际；既考虑惩罚，也考虑奖励，按照自上而下的原则进行设计。

1. 清洁能源

能源战略下的低碳政策所关注的焦点集中在减少碳排放量的数据指标及在此基础上改造高碳产业、积极发展可再生能源与新型清洁能源，广泛开展国际碳减排合作等方面。减少能源消费、增加可再生能源及使用清洁能源是减轻能源生产和消费负面影响的重要手段；提高能源效率和低碳技术，促进城市转型；发展清洁能源，降低碳排放量。

在大幅度节能降耗，促进经济发展方式转变与国民经济结构调整的同时，还应注意强制性政策工具的慎重、适当地运用。

2. 碳减排

碳减排政策工具有基于价格和数量两类，包括碳税、碳总量交易、碳排放总量限制政策等。在完全竞争市场情况下，采用碳价等市场手段通常比指挥和控制手段有更好的表现，碳税要比碳排放限额更具有促进技术研发和创新的效果。不仅需要对制造业，也要对物流服务业开征碳税，并可参与碳交易市场交易。碳税实际上是一种矫正税，有的国家称为能源税。为降低减排的成本，可以建立长期有效的合约，将不同国家和地区的碳交易系统联系起来，建立一个全局的碳交易市场。英国政府曾提出建立个人碳交易制度，尽管构建和运行个人碳交易制度的成本是高昂的，但个人碳交易制度能够为整个经济社会带来更多收益。

对于企业来讲，控制碳排放一方面是企业的社会责任所在，另一方面也会造成企业成本的增加。在国内大中型城市，市内交通一般被认为是导致污染的重要原因之一，物流业又是城市交通的重要组成部分，它所带来的城市交通拥堵和环境污染也因此日益受到政府和居民的重视，这也是福利经济学重点研究的经济活动外部不经济性问题，也是碳税政策的理论依据。

由于企业是减排主体，无论是开征碳税或建立碳市场，都会对企业产生影响。税率的固定性会使企业面对更加确定的结果，这对于企业相对有利；而在碳交易机制下，由于供求关系的变动而导致的价格变化，将使企业面临更多的不确定性因素。尽管两者存在差异，但并不导致两者彼此冲突，恰恰相反，两者可以实现优势互补。从实践情况来看，碳排放权交易制度是除碳税之外，促使排放主体自主减排的重要推动力，两者可以形成有益补充。

成熟的国际碳交易市场是最终实现全球节能减排的终极举措，世界银行甚至预测，在不久的将来，碳交易市场将超越石油，成为全球最大的商品交易市场。

（三）低碳物流

低碳物流是生态物流、可持续物流、绿色物流等理论理念的继承和发展。

低碳物流的概念是，在产品从企业到顾客、废弃物从顾客再回到回收企业这样一个整体循环过程中，利用先进的物流技术和环境管理理念，对物流活动进行规划、计划、控制并实施，从而实现降低能耗和污染物（不仅仅是温室效应气体）排放的活动。

低碳物流理念包含了可持续发展和三重底线原则的思想，低碳物流的发展不仅要满足消费者和企业机构的需求，也要满足城市对物流活动环保、无污染、民生的要求。即物流活动不应该只有短期的经济目标，还应该和社会发展的长远目标结合起来。低碳物流其实是涵盖产品从原材料获取直至报废回收的整个过程，包括原材料的采掘、产品的生产、运输、销售、库存、使用、报废、回收再利用等。从物流作业环节来看，低碳物流应该包括低碳供应、低碳生产、低碳运输、低碳仓储、低碳消费、低碳流通加工与低碳回收等。

如果把物流活动和其所在的外部环境看成两个相互独立又联系的系统，可以知道，物流活动需要从外部汲取其所需的资源和能源，这些资源和能源经过使用后的副产物——三态废弃物，则必须通过环境来吸收及循环。

对于物流作业来讲，排放物或污染或许是不可避免的，但有些排放是没有必要的，是过量的。比如，物流网络设计得不够合理、库存决策不到位、车辆运输路线规划不周，或者多品种少批量的需求与大规模经济性配送之间不可调和的矛盾等。在城市物流中，由于文化或环境的原因，顾客的需求越来越难以满足，他们对从下订单到收到货物之间的等待时间越来越没有耐心，导致货物运输的严重不经济性，加剧了市区拥堵状况并且增加了环境污染。

反过来，由于物流活动的这些外部不经济性、不可持续性，导致居民低碳意识的觉醒和政府不断对物流低碳化进行管制。另外，环境的污染导致的社会成本是巨大的，甚至有时难以逆转，是多少经济代价都无法挽回的；并且，对于城市物流来讲，交通的拥堵和混乱造成了社会秩序的混乱，也是事故频发的源头，严重影响了社会治安、经济效率和物流自身的效率。还有，环境的污染会导致员工和居民身体状况的恶化，加重社会医疗和保险的负担。在国外，也往往由于某些国家和地区对我国产品收取碳关税，导致物流企业在这些地区的业务成本急剧增加,在国际市场竞争中处于劣势。

一个产品或一个系统的碳排放是可以度量的,借助生命周期分析法和经济投入产出法可以达到这一目的。对于物流系统的减排,需要从碳效率角度来考量,应当建立碳效率指标,以便于物流系统之间的比较,并以此促进低碳物流及低碳配送的发展。

第八章 供应链风险和危机管理

第一节 供应链风险管理

供应链风险管理对传统企业内部业务部门以及企业之间的职能和策略在供应链上进行跨越职能和跨越企业边界的系统性、战略性的协调，其目的在于提高供应链以及每个企业的长期绩效。供应链风险管理的优越性及给企业带来的多赢局面，早在20世纪90年代，供应链风险管理就已逐渐成为企业"抱团取暖"共同获取竞争优势及增强竞争力的重要手段。

然而，随着供应和需求不确定性的增加、运作与市场的全球化、产品和技术生命周期的缩短，企业供应链运作的内外环境正在发生着快速变革，从产品结构、生产过程、管理方式到组织结构准则都在经历着日新月异的变化。这虽然给企业的供应链带来了更高的效率与响应能力，但也使得供应链整体及环节上面临的风险在加大。除了外在环境的影响，企业实际运作过程中存在大量诸如需求不确定、信息不对称、供应不稳定、竞争环境及其干扰等随机因素，也会导致供应链管理的巨大风险性，特别是一些重大事件，如金融危机、安全生产事故、自然灾害、恐怖袭击等的发生给企业和社会造成了巨大影响。

鉴于供应链风险和全球不确定性因素对企业经营产生越来越大的影响，近年来供应链企业管理者的态度已经有了很大的转变，他们已不仅仅关注企业利润的最大化，而更注重企业获得预期利润的可能性以及面临的各种风险给企业带来的后果；不仅仅关注本企业的风险，也更关注企业的"前后左右"

及其所在供应链的上下游所面临的风险。对供应链风险管理的关注，正是在这种现实要求下产生的。

一、企业风险管理概述

有学者将风险管理的发展历程分为三个阶段：传统风险管理阶段、现代风险管理阶段和全面风险管理阶段。

（一）传统风险管理阶段

风险管理内容主要针对信用风险和财务风险，并且在传统风险管理阶段，风险管理是事后的管理，缺乏系统性和全局性。

（二）现代风险管理阶段

20世纪80年代末、90年代初，随着国际金融和工商业的不断发展，迅速发展的新经济使企业面对的社会大环境发生了很大的变化。企业面临的风险更加多样化和复杂化，从墨西哥金融危机、亚洲金融危机、拉美部分国家出现的金融动荡等系统性事件，到巴林银行、爱尔兰联合银行、长期资本基金倒闭等个体事件，都昭示着损失不再是由单一风险造成，而是由信用风险、市场风险和操作风险等多种风险因素交织作用而成的。人们意识到以零散的方式管理公司所面对的各类风险已经不能满足需要，于是全面风险管理的思想得以发展。

（三）全面风险管理阶段

企业风险管理是一个过程，受企业董事会、管理层和其他员工的影响，包括内部控制及其在战略和整个公司的应用，旨在为实现经营的效率和效果、财务报告的可靠性以及法规的遵循提供合理保证。

COSO-ERM（企业风险管理整合）框架是一个指导性的理论框架，为公司的董事会提供了有关企业所面临的重要风险，以及如何进行风险管理方面的重要信息。企业风险管理本身是一个由企业董事会、管理层和其他员工共同参与的，应用于企业战略制定和企业内部各个层次与部门的，用于识别可能对企业造成潜在影响的事项并在其风险偏好范围内进行多层面、流程化的企业风险管理过程，它为企业目标的实现提供合理保证。

COSO-ERM框架把风险管理的要素分为八个：内部环境、目标制订、风险事项识别、风险评估、风险应对、控制活动、信息与沟通、监控。

1. 内部环境

企业的内部环境是其他所有风险管理要素的基础，为其他要素提供规则和结构。内部环境影响着企业战略和目标的制定、业务活动的组织和风险的识别、评估和执行等。它还影响着企业控制活动的设计和执行、信息和沟通系统以及监控活动。内部环境包含很多内容，如企业员工的道德观和胜任能力、人员的培训、管理者的经营模式、分配权限和职责的方式等。董事会是内部环境的一个重要组成部分，对其他内部环境的组成内容有重要的影响。而企业的管理者也是内部环境的一部分，其职责是建立企业的风险管理理念、确定企业的风险偏好、营造企业的风险文化，并将企业的风险管理和相关的行动计划结合起来。

2. 目标制订

根据企业确定的任务或预期，管理者确定企业的战略目标，选择战略方案，确定相关的子目标并在企业内层层分解和落实，各子目标都应遵循企业的战略方案并与战略方案相联系。

3. 风险事项识别

管理者意识到了不确定性的存在，即管理者不能确切地知道某一事项是否会发生、何时发生或者如果发生及其结果。作为事项识别的一部分，管理者应考虑会影响事项发生的各种企业内、外部的因素。外部因素包括经济、商业、自然环境、政治、社会和技术因素等，内部因素反映出管理者所做的选择，包括企业的基础设施、人员、生产过程和技术等事项。

4. 风险评估

风险评估可以使企业了解潜在事项如何影响企业目标的实现。管理者应从两个方面对风险进行评估——风险发生的可能性和影响。

5. 风险应对

管理者可以制订不同风险应对方案，并在风险容忍度和成本效益原则的前提下，考虑每个方案如何影响事项发生的可能性和事项对企业的影响，并设计和执行风险应对方案。风险管理所要做的就是考虑多种风险应对方案，并选择和执行一个方案。有效的风险管理要求管理者选择的风险应对方案，可以使企业风险发生的可能性和影响都落在风险容忍度范围之内。

6. 控制活动

控制活动是帮助保证风险应对方案得到正确执行的相关政策和程序。控制活动存在于企业业务的各个部分、各个层面和各个部门。控制活动是企业努力实现其商业目标过程的一部分。通常包括两个要素：确定企业管理活动决策问题的策略和影响该策略的一系列过程。

7. 信息与沟通

来自企业内部和外部的相关信息必须以一定的格式和时间间隔进行确认、捕捉和传递，以保证企业员工能够履行其职责。有效的沟通也是广义上的沟通，包括企业内自上而下、自下而上以及横向沟通。有效的沟通还包括将相关的信息与企业外部相关方的有效沟通和交换，如客户、供应商、政府管理机构和股东等。

8. 监控

对企业风险管理的监控是指评估风险管理要素以及一定时期内的运行质量的过程。企业可以通过两种方式对风险管理进行监控——持续监控和重点评估。持续监控和重点评估都是用来保证企业风险管理在企业内各管理层面和各部门得到持续执行。

二、供应链风险识别

（一）风险与不确定性

任何在未来结果上包含不确定性要素的交易或工作都伴随着风险要素。不确定性源自其易变性与模糊性。易变性是指某一刻测量因素可能是一系列可能值中的某一个值的情形。因为某一情形可能演化或发展出许多可能的方式,所以就产生了不确定性。模糊性是指含义的不确定性,由于某一情形的信息存在多种解释方法,所以产生了不确定性。

风险管理包含有关风险本质的认识与分析、风险事件发生概率的计算(常常是计算过去类似事件发生的频率)、风险事件后果或影响的计算、抵消或降低风险的备选方案的制订等方面。

风险管理是一门应对不确定性的学科,它可以定义为:

组织处理与其业务活动有关联的风险的过程,通过这一过程,组织处理风险可以做到有条不紊,有望实现每项业务活动及跨所有业务活动组合的持久收益的目标。

供应链风险可以定义为:由供应链内、外部环境中存在的不确定性因素所导致的造成供应链崩溃或运营障碍的可能性。供应链风险来源于供应链不确定性,供应链不确定性的存在和传播会影响整个供应链。

(二)风险的后果

尽管风险的常用定义与"不希望的结果"相联系,但风险在引起可能损失的同时也带来了机会。消除所有的不确定性或风险的尝试可能使组织处于瘫痪的境地,组织将没有能力承担不确定的投机与投资活动来实现自己想要的结果,"风险大,收益也大"就是这个道理。创新本身就是一种风险。开发一种新的产品或进入一个新的市场,这也是一种风险。风险的结果可以是正面的,也可以是负面的。因此,合理的风险评估对于组织目标的实现是必需的,它能使企业绩效和利润率达到最大。

(三)有效风险管理的益处

事实上,主动积极和系统性地对供应链进行风险管理可以带来如下好处:

(1)避免风险事件的打击和危机等因素的成本或将这些因素最小化;

(2)避免生产流程或收入流的中断;

(3)通过减轻供应链的脆弱性,保障供应安全;

（4）提高企业和供应链弹性，促进业务的持续性，支持供应链的灾后恢复；

（5）使组织吸引并挽留高素质的员工、供应商和风险伙伴；

（6）促进组织和供应链的合作；

（7）提高利益相关者的信心和满意度。

（四）风险识别技术

风险识别和分析流程是指对导致某一活动可能出现问题的所有可能因素进行识别并估计其发生概率的一个过程。风险识别是风险管理中努力发现潜在问题或不确定性领域的一个系统过程。

风险识别是一门不精确的学科，它依赖于人们在潜在风险领域的认识和经验。最初的风险识别可能结合了下述活动：

（1）风险顾问对结果和报告的追踪；

（2）环境扫描与评估；

（3）范围扫描（发现是否会带来新机会和风险）；

（4）监测同类组织中的风险事件；

（5）市场情报收集和管理信息系统；

（6）关键事件调查（调查重大意外合同或项目偏差/问题的原因）；

（7）情景分析（例如，利用计算机模型或电子表格来模拟变量变化的效果，或者措施的后果）；

（8）过程审计（检查质量管理、环境管理、绩效管理和其他流程的效果）；

（9）对健康和安全、质量、维护等进行定期检查和检验；

（10）研究项目计划、供应链等，发现可辨认的脆弱性。

（四）供应链图析技术

供应链风险识别的一个有用工具是供应链或价值流图析。来自英国克兰菲尔德大学的研究《建立适应性强的供应链》表明，在价值朝向客户流动中的某个点，或者该链条中的某个"节点"，有必要利用系统的方法，识别供应链内部故障引发的商业、供应和合同风险。

供应链图析（supply chain mapping）是一种基于时间展示流程的技术，该流程包括物料、信息和其他增值资源沿着供应链移动的过程。该图（如网络图或流程图）显示了链条内连接点之间或移动点上所花费的时间。这可以让组织决定如下内容：

（1）供应商的交互连接"管道"。增值要素必须通过这条管道才能到达终端用户。

（2）运输路线。增值要素通过该路线从一个节点转移到链上的另外一个节点。

（3）管道中每阶段半成品或库存的储存数量。

（4）在供应链中断的情况下，从管道中的不同点补充库存所花费的时间。

通过供应链图析得到的信息可以帮助我们识别供应链的风险领域，并计划下列行动：

（1）征求供应链伙伴的意见并与其合作，控制已发现的脆弱性领域。

（2）对于易受攻击的连接点或供应商关系，加强关系保护与契约保护。

（3）对于供应链中第一级供应商对更低级别供应商的管理状况进行监督与控制，降低更低层次供应商的脆弱性。

（4）确定替代的供应源。

（5）增加安全库存。

（6）在易于中断供应的领域，为备选的运输安排制订应急计划。

三、供应链风险评估

风险评估是对潜在的已识别风险事件的概率和严重程度进行评估。换句话说，就是问"它发生的可能性有多大、它可能造成多坏的结果"。

对于风险，可以用基本公式进行量化，其公式为：

风险＝可能性（概率）× 影响（负面的后果）

第一，风险可能性（risk likelihood）是指在假定风险性质和当前风险管理做法的情况下发生的概率。它可以用 0（没有机会）到 1（确定）之间的一个数字来表示,或者用百分比(0%~100%)、分值(0~10分)或等级(低、中、高)等来表示。风险事件发生的可能性越高,风险管理的优先级就越高。

第二,风险影响(risk impact)是指给组织造成的可能损失或成本,或者对组织完成其目标的能力可能的影响水平。对影响的严重性可以进行量化(例如,用估算的成本或损失)、计分(1~10分)或评级(低、中、高)。

供应链风险的大小本质上取决于不确定事件发生的概率和后果的严重程度。

高概率事件不太可能找到将事件发生风险最小化的方法。相反,我们要调动资源来将其影响最小化。对于小概率事件,如果造成的影响很大,那么需要制订应急和恢复计划,这样组织就可以在事件发生时做出有效响应。那些发生概率小却会造成灾难性后果的事件,更应该引起我们的重视。

四、供应链风险应对

可以从改变风险后果的性质、风险发生的概率或风险后果大小三个方面提出多种策略。下面介绍风险回避、风险转移、风险缓解、风险预防、风险自留和后备措施六种,每一种都有侧重点,具体采取哪一种或几种取决于供应链风险形势。

(一)风险回避

风险回避是指当项目风险潜在威胁发生的可能性太大,不利后果也很严重,又无其他策略来减轻,主动放弃项目或改变项目目标与行动方案,从而消除风险或产生风险的条件,从而达到回避风险的一种策略。

在供应链风险管理的选择阶段,对于已识别的政治风险、经济风险、社会风险,通过风险澄清、获取信息、加强沟通、听取专家意见的方式进行风险评价,如果发现项目的实施将面临巨大的威胁,供应链管理者又没有其他可用的措施控制风险,甚至保险公司亦有可能认为风险太大而拒绝承保,这时就应当考虑放弃执行,以避免巨大的经济损失。比如当某国政局不稳定时,放弃在该国设立工厂。而在供应链运营阶段,通过增加项目资源或时间,采用一种熟悉的，而不是创新的方法，或避免使用一个不熟悉的开发方法，来达到风险规避的目的。

（二）风险转移

风险转移是设法将某风险的结果连同应对风险的权利和责任转移给他方。风险转移应当是正当的、合法的转移方式，而不是无限制的、无约束的，甚至带有欺诈性的风险转移。项目风险转移分为保险和非保险两类，非保险风险转移的主要途径有合同、保证。

针对海外供应商可制订保险计划，应对突发商业事件给企业供货流程带来的麻烦。

为避免供应延误而导致的生产中断，制造商将供应委托于第三方物流服务商，实现了供应风险的转移。

（三）风险缓解

风险缓解即通过缓和或预知等手段将项目风险的发生概率或后果降低到可以接受的程度。相对于风险回避而言，风险缓解措施是一种积极的风险处理手段，也是应对无预警项目风险的主要措施之一，它是指设法将某一负面风险事件的发生概率或其后果降低到可以承受的限度。

风险缓解的形式多种多样，它可以是执行一种减少问题的新的行动方案。例如，增加供应链运营中项目资源或延长进度计划。当不可能减少风险发生的概率时，可以针对那些决定风险严重性的关联环节，采取措施减少风险对项目的影响。举例来说，对于关键供应商或唯一供应商，如果出现问题将直接影响公司运营，此时可考虑增加备份供应商或可替代的产品，以减少质量不良所导致的影响。

（四）风险预防

风险预防是一种主动的风险管理策略，其目的在于控制风险事件的发生。供应链风险管理中通常采取缩短供应链的策略，以达到缩短供应链周转时间、避免"战线"过长而导致供应链中断风险，如汽车装配商的供应商大都在"汽车城"内。供应链弹性网络设计不失为一种供应链风险管理策略，采取供应链网络资源优化的方法，做好选址，设计抵抗风险的供应链网络，通过多样化来获取灵活性。

当企业面向全球市场，进行全球供应链运营时，缩短供应链策略是不切实际的，与企业战略目标不符。此时，全球供应链网络设计就变得重要了。优化企业全球资源，平衡不同的资源获取方案所带来的不同的收益和风险，设计弹性网络。

在实践中还采用一些切合实际的风险预防方法，来增强组织学习能力，防止风险因素出现，从而降低风险。

第一，应用协同需求预测与分销商、零售商建立更加紧密的合作关系，提高需求规划的准确性。合作伙伴是朋友，合作关系有助于缓冲不利时机，长期合作关系与友谊有助于企业在逆境中获得合作伙伴支持。发展合作及联盟关系可有效降低需求或供应的不确定性。

第二，提高供应链的可视化程度。从下订单到接收，都能对运输及库存进行全程监控，实现货物流的全球跟踪。企业可以根据需要适时调整运输计划。

第三，加强产品零部件的标准化，同时混合使用不同供应商的零部件能使制造商的供应链变得更加灵活。采用多采购渠道有助于避免供货风险。通过供应商绩效评价建立备选供应商方案。

第四，在供货服务协议方面适当增加柔性要求。

第五，降低产品的复杂性，不仅有助于缩短生产时间，还能提高企业对供应危机的响应速度。

第六，需要区别对待不同产品的订货策略，对它们的库存单独进行建模和优化。考虑交货延误及提前期的波动等不确定性。

第七，监控风险预警信号。通常跟踪的绩效参数包括服务水平、提前期、库存以及物流成本等。然而，要有效地管理供应链风险，这些参数是远远不够的。还需要对其他一些供应链风险指标进行跟踪，如订单拖延时间、零部件交付可变性以及汇率变动等。它们能提供一些至关重要的警报。

使用预防策略时需要注意的是，在供应链管理部门的组织结构中加入风险预防机构，增加其责任意识，提高项目成本，但他们有经验的专业工作会帮助供应链消除风险因素。

（五）风险自留

这种手段意味着供应链团队决定以不变的计划去应对某一风险，或团队不能找到其他合适的风险应对策略。主动的风险自留是指供应链管理者在识别和衡量风险的基础上，对各种可能的风险处理方式进行比较，权衡利弊，从而决定将风险留置内部，即由供应链管理部门自己承担风险损失的全部或部分。由于在风险管理规划阶段已对一些风险有了准备，所以当风险事件发生时可以马上执行应急计划。主动的风险自留是一种有周密计划、有充分准备的风险处理方式。

最通常的风险接受措施是为了应对已知风险，建立一项应急储备，包括一定量的时间、资金或其他资源，应急救助应由已接受的风险影响程度来决定，在某一可接受的风险基础上进行测算。

（六）后备措施

有些风险要求事先制定后备措施，一旦项目实际进展情况与计划不同，就动用后备措施，主要有费用、质量和技术等后备措施。

在实践中风险处置的各种策略都是组合使用的，对于风险太大的供应链项目一开始就应该拒绝；在那些被接受的供应链项目中，减轻、预防、转移、回避、自留风险和后备措施等策略，都应随时间、环境、条件的不同，而被用于不同的组合策略中。

五、风险监控与分析

任何供应链风险都有一个发生、发展过程，必须对供应链风险管理过程实施监控，以动态掌握供应链风险及其变化情况，跟踪并控制供应链风险管理计划，同时对供应链风险进行存档与总结。供应链风险监控与分析就是为确保高效达成供应链目标而设计的。

通过有效的风险监控，在风险事件发生时能够及时实施风险管理计划中预定的规避措施。另外，当实际情况发生变化时，要重新进行风险分析，并制定新的规避措施。

风险监控的主要工具和技术有核对表、定期评估、净值分析、风险应对计划、风险分析等。风险监控的成果表现在随机应变措施、纠正行动、变更请求、修改风险应对计划等。

风险管理应该具有行政层的优先级，应该考虑潜在的风险，并且要设计合理的响应，这样才能使损失最小。这种机制应该发展到能够快速、有序地修复，并且对公司的声誉和客户的满意度带来最小的损失。同时也需要采取有效措施来监督正在提高的风险管理能力。

公司风险管理监控信息系统应该监督风险和调整公司风险管理计划方向。这样才能保证及时制订降低风险计划，并及时修复供应链合作风险带来的破坏。

第二节 供应链危机管理

在变化迅速的市场经济条件下，供应链也有脆弱的一面。供应链中潜伏着危机，如在自然灾害、人为因素等方面。在这种情况下，企业要积极应对，主动采取措施，建立"生于忧患"的危机意识，发展多种供应渠道，与供应商结成战略合作伙伴关系，建立多种信息传递渠道，防范信息风险。

一、含义及特性

危机是指影响到组织并使组织的利益相关者或公众受到威胁的重大事件，而危机管理则是对这种事件进行预测、预防及应对的一系列过程。危机管理起源于20世纪80年代大规模工业和环境灾害的研究，被认为是公共关系中的最重要的一环。

危机的三要素：①组织的共同威胁；②意外因素；③决策时间短。

从以往供应链危机的发生、表现与影响等方面，可以将供应链危机的主要特性总结如下：

（一）突发性

突发性的含义包括危机何时、何地、以何种形式发生难以预测；危机起因、发展过程及趋势难以把握；危机影响难以及时评估。这就给处理供应链危机带来极大的不确定性。

（二）扩散性

供应链作为一个因上下游协作关系而形成的网状运作组织，危机对组织内任何成员的危害，都将直接或间接扩散到其他成员及整个供应链组织。同时，供应链危机的危害不仅体现在直接的经济损失上，也会扩散到合作成员的心理层面，打击合作信心，给今后供应链协调造成困难，这种危害带来的损失可能比直接经济损失更大。

（三）复杂性

造成危机的原因是复杂的，既有供应链外部因素，也有供应链内部因素。外部因素主要有自然灾害、政治经济事件、社会突发事件等，而内部因素主要来自供应链成员的协调失误、利益冲突以及企业自身运作中出现的问题。同样，危机发生过程和产生的后果也是复杂的，这主要由危机中信息获取与沟通困难造成，使得供应链成员难以评估影响并准确及时地做出决策，极大地影响危机的应对。

（四）持续性

一方面，危机发生虽然突然，但其过程和危害势必将持续一段时间，持续时间的长短视事件本身危害程度与应对事件的措施而定；另一方面，供应链危机要完全杜绝，从以往历史来看，几乎不可能，很多不可抗拒因素成为供应链危机的直接导火索，如自然灾害、地区和平与战争。因此，从历史的角度来看，供应链危机自供应链这种生产组织形式产生以来就是持续存在的。因此，通过对以上供应链危机主要特性的分析，我们可将供应链危机的一般性含义总结归纳如下：供应链危机是由供应链系统内外部突发因素引起，能迅速扩散至整个供应链系统，危害严重且发展趋势难以及时准确把握，能造成供应链系统运营障碍甚至断裂的，急需处理的非常规恶性事件。

二、分类

根据危机管理理论，首先应该分析供应链中潜伏着哪些危机。

供应链的危机来自多方面，从危机来源上看，可以将其分为两大类。

（一）自然灾害类

台风、地震、洪水、雪灾、疾病等来自大自然的破坏和袭击，时刻威胁着供应链的安全。飞利浦公司的大火就是因为大自然的破坏引起的，暴风雨中的雷电引起高压增高，陡然升高的电压产生电火花点燃了车间。人类目前普遍面临着环境恶化的问题，天灾爆发的频率也越来越高，作为一种不可抗力，它将成为供应链的致命杀手。

（二）人为因素

1. 供应链的连锁反应

完善的供应链系统固然能够节省成本，加快产品生产和发展速度，但由于供应链同时连接供应商、制造商、分销商以至客户，架构日趋复杂，每个环节都潜伏着危机。其中一家公司出了问题，就可能产生连锁反应，影响到供应链上多家公司，破坏力也因此比以往任何时候都大，特别是当供应链上有些企业是独家供应商供货时，潜在危机更大，供应链上出现独家供应商，是各种利益冲突比拼形成的结果，从爱立信案例可以看出，采取独家供应商政策存在巨大风险：一个环节出现问题，整个链条就会崩溃。

2. IT 技术的缺陷制约着供应链作用的发挥

如网络传输速度、服务器的稳定性和运行速度、软件设计中的缺陷，还有令人防不胜防隐伏于各个角落虎视眈眈的病毒等。

3. 信息传递方面的问题

当供应链规模日益扩大，结构日趋繁杂时，供应链上发生信息错误的机会也随之增多，如信息的输入错误、理解错误等。

4. 企业文化方面的问题

不同的企业一般都有自己的企业文化，它表现在企业管理理念、文化制度上，也表现在员工的职业素质和敬业精神上等。不同的企业文化会导致对相同问题的不同看法，从而采取有差异的处理手法，最后输出不同的结果。如何协调供应链成员之间不同的企业文化，也是供应链上令各厂家头痛的问题。

5. 社会风波

最社会上发生的大规模事件，如战争、恐怖袭击和罢工等，都会引起供应链危机。

从危机对供应链的不同影响来对供应链危机分类，可分为以下三种：

造成供应失效的危机。造成供应失效的危机既包括发生在供应链上游的供应商，导致供应中断的危机，也包括发生在分销中心造成供应链零售商的供应中断的危机。

造成需求失效的危机。造成需求失效的危机主要是指由于短时间内无法满足市场需求及其变化，而造成客户信心丧失、市场份额下降，重要客户流失的一类供应链危机。

造成内部运营失效的危机。这里内部的含义是针对供应链系统而言，既包括供应链各成员内部的运营，也包括成员之间的运营。这一类危机具体体现为企业产生设备的破坏和信息系统等的失效造成的危机。

三、危机应对措施

由以上所述的有关供应链危机，我们可以看出，有些危机是可控的，有些危机是不可控的。针对危机的不同特性我们可以采取不同的应对措施。

一般来说，供应链危机管理可以分为危机防范和应急管理。危机防范指的是如何预防危机的发生；而应急管理指的是在面临危机的情况下，应采取何种手段来降低或转移危机，并把危机可能造成的危害降到最低。

供应链危机管理可以采取的措施包括如下内容：

1. 建立"防患于未然"的危机意识。危机意识不是泛指能够防范和应对企业危机的所有管理意识，而是特指防范与应对企业危机内涵层的思维意识。

2. 发展多种供应渠道、多地域的供应渠道，对供应商的情况进行跟踪评估。为确保产品供应稳定，供应链上应发展多个供应渠道，不能单单依靠某一个供应商，否则一旦该厂商出现问题，势必影响整个供应链的正常运行。同时在对某些供应材料或产品有依赖时，还要考虑地域风险。比如，战争会使某些地区原材料供应中断，如果没有其他地区的供应，势必造成危机，除建立多地域、多个供应商外，还须对每个供应商情况进行跟踪，随时了解供应商的供货情况。

3. 与供应商结成战略合作伙伴关系。在供应链中，战略伙伴关系就意味着，厂商与供应商不仅仅是买家和卖家的关系，更重要的是一种伙伴甚至是朋友关系，双方在买卖之外还应有更多其他方面的往来，与供应商建立信任、合作、开放性交流的供应链长期合作关系，必须首先分析市场竞争环境，目的在于找到针对哪些产品市场开发供应链合作关系才有效，必须知道现在产品的需要是什么、产品的类型和特征是什么，以确定用户的需求，确认是否有建立供应链合作关系的必要，如果已建立供应链合作关系，对供应商的业绩、设备管理、人力资源开发、质量控制、成本控制、技术开发、用户满意度、交货协议等方面也要做充分调查，它很可能成为影响供应链安全的一个因素。一旦发现某个供应商出现问题，应及时调整供应链战略。

4. 建立多种信息传递渠道，防范信息风险。供应商、厂家、消费者在供应链中起着多种作用，他们之间的互动日益加快，关系也变得越来越复杂，因此，这就要求给予支持的网络基础设施必须确保供应链所要求的数据的完整、可靠和安全。

总之，危机管理的目的并不是去百分百地避免危机，而是去了解究竟会面临哪些危机、有哪些是可以预防的、出现危机应采取何种手段去降低或转移危机，并把危机可能造成的危害减到最小。

四、供应链安全管理

整个供应链生态系统依赖于每个环节的安全性能。供应链安全管理（supply chain security management）旨在降低有意造成供应链中断的运营风险，管控可能引发供应链危机的因素，防范各类给供应链带来损失的因素，包括产品和信息的盗窃、员工安全以及任何可能对供应链框架造成破坏的因素。

供应链的安全性取决于供应链网络最脆弱那个环节的安全性。因此，供应链企业不仅要做好本企业的安全管理，还要管控供应链合作伙伴的安全性。安全管理在供应链管理的各个进程中显得非常重要。比如，某化学品从工厂开始包装、装运，接着是物流公司运送到港口、港口码头装船，海运到目的地港口，由运输公司运送到配送中心，由配送中心发运到工厂。哪个环节有安全隐患，都会影响到供应链的安全性。安全管理需要供应链的合作，安全系统的合同要求、商品移动中的安全提示、搬运和储存的注意事项等安全防范意识与措施都应到位。加强各环节，特别是薄弱环节的安全程序并且整合到安全系统中，才会有整个供应链的安全。

第三节 供应链应急计划

一、应急计划

应急计划（contingency planning）是指通过制订第二计划、权宜之计、退却阵地或"B计划"以防止情况变糟或者最初的计划失败，从而减轻风险事件、偏差和失败所造成的影响。换句话说，应急计划就是提出这样的问题："如果出现突发事件，我们将如何根据危机程度制订相应的预案？"

在供应链应急中，直接的应急响应计划应当与更全面的计划联系起来，应发挥两个作用。

其一，维持。维持业务的持续性，让基本流程和服务在风险事件中能够连续下去。

其二，恢复。开始灾难恢复，即开始恢复风险事件后丢失的数据、资产、基础设施和职能。应急计划基于如下三点认识：

第一，意外事件或突发事件引起风险。在风险管理中，由组织所能控制之外的因素引起的风险（如自然灾害、疾病暴发、恐怖主义或者第三方行动）是不可能消除的。组织如果为了消除风险，对组织的正常活动大加限制，就会造成组织功能失调，失去判断力、灵活性、创新性和机会。不能因为会有意外发生，就什么也不做，杞人忧天对企业也是灾难，这种企业注定不能生存，正确的做法是对突发意外事件有应对措施。

第二，小概率事件引起风险但影响大。一个风险可能发生的可能性太小，以至于不值得采取持续的或代价高昂的措施来预防它的发生，但是其影响足够大，有理由做出减轻措施计划（使成本或后果最小化）以防止它真的发生，制订应急计划避免小概率事件发生后造成大的损失。

第三，积极主动的风险减轻措施比被动的措施更加有效。风险减轻要求组织进行系统的计划、资源配置和执行提前期，因为一旦发生风险事件或在事件过程中可能会出现供应短缺。应急计划是当有风险发生时有资源可调配使用。

应急计划制订的一般过程包括：

（1）识别关键风险；

（2）评估风险程度，制订应急计划方案；

（3）明确方案中可选择的应急措施；

（4）明确应急措施的触发条件与计划执行者；

（5）建立和培训应急团队；

（6）对计划的宣传，让人人在需要的时候可应对。

二、业务持续性计划

业务持续性计划是通过对组织关键活动执行成功因素的分析，识别潜在威胁，降低威胁的危险等级，制定应对措施，确保在风险事件中业务职能和流程的运行。它关系到组织在供应链中断期间或局势持续变化期间是否能够维持基本的可交付业务成果。

业务持续性计划是应急计划的一个分支，它特别强调威胁运营连续性的因素，以及在面临潜在的中断事件、问题或故障时企业职能如何维持（或恢复）。如果应急计划提出的问题是"如果意外事件 X 发生，B 计划是什么？"那么业务持续性计划提出的问题就是"能够使我们业务中断的意外事件是什么？如果意外真的发生了，我们如何才能保持核心职能的运营？"

（一）业务持续计划框架与系列计划

业务持续性计划提供了一个框架，具体如下所述：

第一，目的是确保企业的弹性和连续生存能力。

第二，根据企业层次的风险评估，制订应对预案。

第三，避免在对企业关键的流程或资源（包括数据和知识、系统、人才）上造成损失、损害、故障或中断，强化核心业务，确保其可交付成果的连续性。

第四，在受到破坏影响的时候，确保给关键客户服务的连续性，确保现金流。

业务持续性计划涉及有关确保核心业务职能免遭重要威胁的一系列计划的制订、测试和维护流程与程序，它包括：

（1）管理者继任计划（确保领导和管理"人才"的连续性）；

（2）知识管理计划（保护和保存对业务关键的知识）；

（3）供应商过渡计划（将更换供应商引起的供应中断和资产、知识产权或交付情况等风险降至最低）；

（4）技术更新或系统变革计划。

（二）灾难恢复计划

灾难恢复计划是指在重大危机事件、自然或人为灾难或故障之后，特定运营、职能、场所、服务和应用的恢复计划。

这也是应急计划的重要部分。尽管事前有应急预案，事后也要立即派遣危机处理小组赶到现场，根据现场实际情况，展开紧急救援行动计划以及救援后的恢复计划。

一个全面的业务持续性恢复计划涉及以下七项内容：

（1）人员：角色、责任、意识和教育。

（2）计划：积极主动的过程管理。

（3）流程：所有业务流程，包括供应和信息管理。

（4）建筑物：大楼和设施。

（5）供应商：供应链及外包供应商。

（6）形象：品牌、形象和信誉。

（7）绩效：指标、评价和审计。

参考文献

[1] 杨经葵. 跨境电商创业实务 [M]. 长沙：湖南大学出版社，2020.

[2] 王辉. 跨境电商运营实战营销 [M]. 北京：中国对外翻译出版公司，2020.

[3] 涂玉华，何燕. 跨境电商 [M]. 成都：西南财经大学出版社，2020.

[4] 戴小红，吕希. 跨境电商物流实务 [M]. 杭州：浙江大学出版社，2020.

[5] 薛士龙，王玉芹. 跨境电商物流 [M]. 上海：上海财经大学出版社，2020.

[6] 刘福英，张海芸. 跨境电商实务 [M]. 北京：高等教育出版社，2020.

[7] 伍蓓. 跨境电商理论与实务 [M]. 北京：人民邮电出版社，2020.

[8] 刘钧炎. 跨境电商实务 [M]. 北京：中国轻工业出版社，2020.

[9] 孟迪云. 跨境电商产品开发 [M]. 北京：电子工业出版社，2020.

[10] 陈秀梅，冯克江. 跨境电商客户服务 [M]. 北京：人民邮电出版社，2020.

[11] 柯丽敏编. 跨境电商理论与实务 [M]. 北京：中国海关出版社，2019.

[12] 周志丹，徐方. 跨境电商概论 [M]. 北京：机械工业出版社，2019.

[13] 刘铁，张鑫. 跨境电商基础与实务 [M]. 武汉：华中科技大学出版社，2019.

[14] 陈英，钟林. 供应链管理理论与实践创新研究 [M]. 天津：天津科学技术出版社，2019.